MANUEL

DE FILATURE

III

OUVRAGES DU MÊME AUTEUR

En vente à la Librairie B. TIGNOL

(Envoi *franco* contre mandat-poste)

MANUEL DE FILATURE

PREMIÈRE PARTIE :

Notions de mécanique. — Principes généraux de la Filature des matières textiles.

1 vol. in-16, cartonné, figures 1 à 90. Prix . . . . . . **2** fr.

DEUXIÈME PARTIE :

Culture, Rouissage, Teillage, Etalage du Lin, Bancs d'étirage, Bancs à broches.

1 vol. in-16, cartonné, figures 91 à 141. Prix. . . . . . **2** fr.

Self-Acting. Métier à filer automate de PARR-CURTISS, par PARR-CURTISS, traduit et annoté par PAUL DUPONT, professeur à l'Ecole de Tissage de Mulhouse. 1 volume grand in-8°, avec 4 planches coloriées. 1880. Prix . . . . **3** fr. **50**

Fabrication des tulles et dentelles, par THOMAS, grand in-8°, et figures, 1886. Prix . . . . **1** fr. **25**

Travail des laines cardées. Cardage et filage, par A. LOHRISCH, édition française, par H. DANZER, ingénieur ; in-8°, 86 pages et 52 figures. Prix. . . . . **3** fr.

Note sur l'Industrie lainière. Progrès général. — Laines. — Miasmes. — Procédés. — Fermentations. — Notions historiques. — Polymétrie chimique, par V.-G. STELLA (1876), 1 vol. in-8°, 103 pages. Prix . . . . **3** fr.

BIBLIOTHÈQUE DES ACTUALITÉS INDUSTRIELLES. N° 128

MANUEL DE FILATURE

TROISIÈME PARTIE

FILATURE DU LIN

PAR

JAMES DANTZER

Ingénieur-Conseil
Expert près les Tribunaux
Professeur de Filature et de Tissage à l'Institut Industriel du Nord de la France
Professeur à l'École Supérieure du Commerce de Lille
et à l'Ecole Nationale des Arts Industriels de Roubaix

(*Figures 142 à 180*)

PARIS
Librairie Bernard TIGNOL
PUBLICATIONS DE LA
LIBRAIRIE de L'ÉCOLE CENTRALE des ARTS et MANUFACTURES
53 *bis*, Quai des Grands-Augustins, 53 *bis*

CHAPITRE PREMIER

FILATURE DU LIN

La filature est l'opération qui a pour but de transformer en fil la mèche obtenue en dernier lieu au banc-à-broches en l'étirant une dernière fois, et en lui donnant une torsion déterminée qui doit augmenter sa *résistance* et son *élasticité*.

Le filage du lin se fait, soit *au sec*, soit *au mouillé*.

Divers procédés de filage du lin.

Actuellement, il faut compter dans la filature du lin :

1° Le filage *au sec* au moyen du continu à ailettes.

2° Le filage à l'eau chaude au moyen du continu à ailettes.

3° Le filage à l'eau froide.

4° Le filage sur continu à anneaux.

Ces deux derniers systèmes tendent à s'employer de plus en plus ; certains filateurs se servent en effet de l'eau froide pour fabriquer des genres spéciaux de fils, et d'autre part, des modifications sérieuses apportées au métier continu à anneaux, généraliseront probablement bientôt son emploi dans l'industrie.

1° Filage au sec en général.

On ne filait habituellement *au sec* que de gros numéros, sans dépasser le n° 30 anglais, mais aujourd'hui, on voit couramment dans le commerce des fils secs jusqu'au numéro 50, et au-dessus.

Tous les fils destinés, soit à maintenir des pièces relativement dures, telles que *fils à cordonniers*, ou ceux destinés à la confection de tissus forts et solides, tels que ceux pour toiles *à sacs* et *à voiles*, toiles *de tentes*, *tapis de pieds*, etc., se font *à sec*.

A *numéro égal*, les fils *au sec* exigent des matières de meilleure qualité que les fils *au mouillé*.

De même, le fil *sec*, à *numéro égal*, *remplit mieux* la toile que le fil *au mouillé* ; on constate généralement qu'au tissage le fil *au sec* donne une bonification de métrage d'environ 8 0/0.

La fig. **142** est une vue de profil du métier à filer *au sec*. Les mèches légèrement tordues, formées au banc-à-broches, ainsi que nous l'avons indiqué, étant disposées sur le râtelier *R*, se dévident de leurs bobines respectives, et passent sur une tringle de soutien *T* ; elles s'engagent ensuite entre les cylindres fournisseurs *F* et *F'*.

Elles passent alors sur une tringle *T'*, ainsi que sur une plaque *P* en fer poli, qui ont pour but de maintenir les fibres suffisamment rapprochées pour que les barettes de gills soient inutiles. (Il a été question de ces barettes dans les bancs d'étirage et dans les bancs-à-broches).

Les mèches guidées chacune par un conduit en fer blanc *B* viennent enfin s'engager entre les cylindres étireurs *E* et *E'*.

L'étirage, comme toujours, étant produit par le rapport des vitesses des cylindres étireurs et fournisseurs, les mèches en sortent amincies, étirées, et il leur suffit de recevoir un certain degré de torsion pour qu'elles soient transformées en fil. A cet effet, elles passent dans un œillet de la plaque guide-fil *P'*, pour se rendre ensuite aux ailettes portées par les broches qui agissent exactement comme nous l'avons indiqué dans le cas des bancs-à-broches pour produire la torsion.

Les broches telles que *A* sont animées d'un mouve-

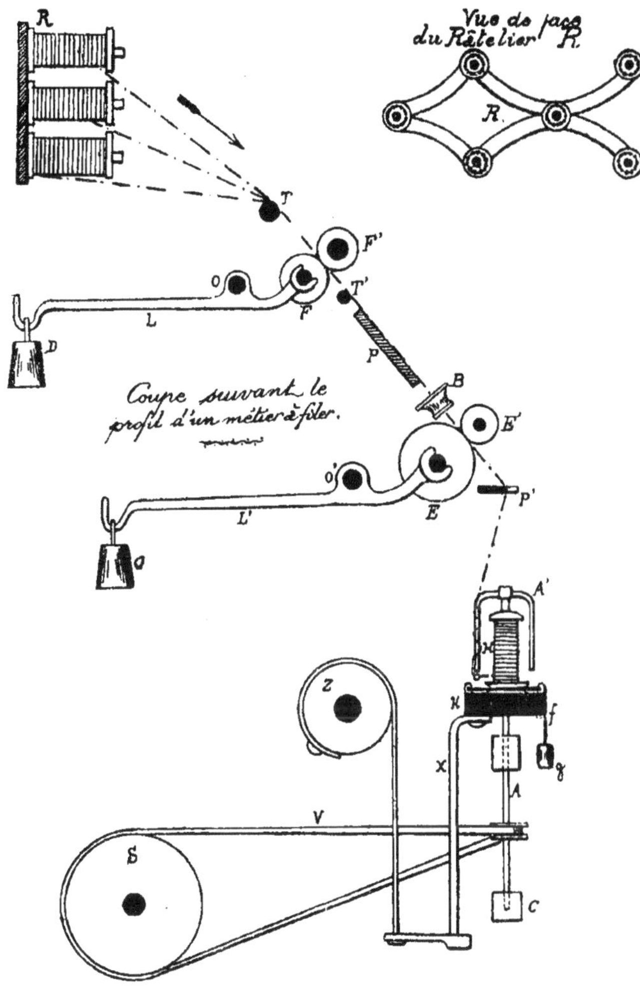

Fig. 142

ment de rotation déterminé par un tambour en fer blanc *S* et une corde à broche *V* ou une sangle. Les ailettes vissées à la partie supérieure des broches sont pleines, et se terminent chacune par un guide à travers lequel on fait passer le fil, après lui avoir fait faire un ou deux tours autour de la branche de l'ailette, afin de bien assurer sa torsion.

La torsion se donne toujours entre le guide-fil P' et l'ailette, et chaque tour de la broche détermine un tour de torsion du fil.

Les bobines H sur lesquelles le fil va ensuite s'enrouler sont enfilées librement sur les broches, et reposent sur une plaque K ou chariot, lequel est animé d'un mouvement de lève et baisse. Leur mouvement de rotation est déterminé par le fil lui-même qui les relie à l'ailette et les entraîne aussi longtemps qu'il reste tendu, mais les laisse en retard pour s'enrouler autour d'elles, dès qu'il se détend par suite du débit des étireurs.

Pour que la torsion du fil soit convenable, il faut que les bobines opposent à leur mouvement de rotation une certaine résistance qui est produite par les cordes-à-plomb, constituée pour chaque bobine par une ficelle f, attachée au bord postérieur du chariot K, et allant s'appuyer contre une gorge que présente le plateau inférieur de la bobine, pour passer ensuite dans l'un des crans que présente le bord antérieur de la plate-bande, au-delà duquel elle est tendue par un poids g, suspendu à son extrémité. Ce poids g doit être proportionné aux dimensions et au poids des bobines, et à mesure que celles-ci se remplissent, il faut que l'ouvrière recule la corde à plomb dans les crans de la plate-bande, afin de compenser par une résistance plus grande l'allongement du bras de levier qui entraîne le fil.

En effet la tension des fils que nous pouvons représenter par t est produite par la traction du fil à la circonférence de la bobine de rayon r ; le moment de cette traction est donc égal à $t \times r$. Pour qu'il y ait équilibre il faut que ce moment soit égal à celui du frottement f qui s'exerce à la circonférence du plateau inférieur de la bobine de rayon d, ce moment a pour valeur $f \times d$ et l'on doit avoir :

$$t \times r = f \times d$$

Mais à mesure que la bobine se remplit r augmente tandis que d reste constant. Pour que t soit constant aussi il faut donc que f augmente en même temps que r. En général comme nous venons de le dire on laisse aux ouvrières le soin d'effectuer à la main ces déplacements successifs des cordes à plomb. Nous verrons cependant plus loin un des dispositifs que l'on a imaginé pour les produire automatiquement.

La répartition sur toute la hauteur des bobines, des

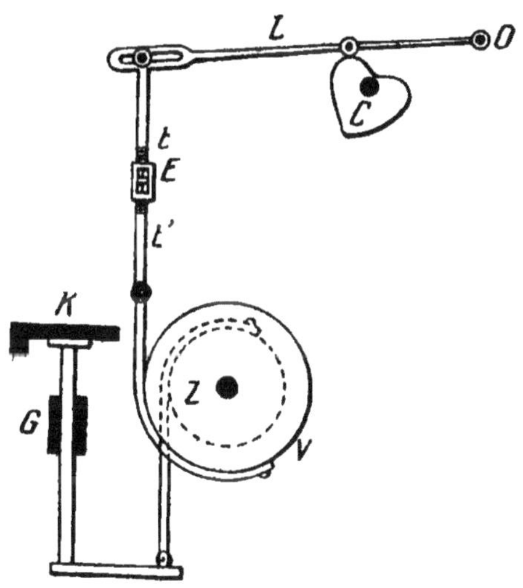

Fig. 143.

tours de fil qui s'enroulent autour d'elles, résulte du mouvement de monte et baisse dont sont animées les plates-bandes K. Celles-ci sont soutenues par des tringles verticales X, guidées par des douilles fixées aux différents bâtis, et dont les parties inférieures sont reliées par des chaînes à des poulies *Z*, calées sur un arbre qui règne sur toute la longueur de la machine, et qui reçoit un mouvement alternatif de rotation, ce qui détermine la montée et la descente du chariot et des bobines.

Ce mouvement du chariot dont la course verticale est égale à la hauteur des bobines que l'on veut faire s'obtient au moyen d'une lanterne ou à l'aide d'un excentrique comme le représente la figure **143**.

Cet excentrique *c* en agissant sur le levier *L* actionne la poulie *V* calée sur le même arbre que les poulies *Z* qui servent à faire mouvoir le chariot *K*. L'écrou *E* permet de varier la course du chariot en rapprochant ou écartant les tiges taraudées *t* et *t'*.

Classification des métiers à filer au sec.

Ces métiers sont les mêmes quels que soient les numéros de fil que l'on fabrique. Cependant, à mesure que ces fils deviennent plus fins, on réduit les dimensions et le poids des broches et des ailettes, afin d'obtenir des vitesses plus grandes. En même temps que les autres dimensions, on réduit aussi l'écartement d'axe en axe des broches. Les écartements les plus usuels sont :

<table>
<tr><td>Pour les fils n°</td><td>0 à 2,</td><td>on donne</td><td>5 pouces</td><td>d'écartement.</td><td>Vitesse : 2.000 t.</td></tr>
<tr><td>—</td><td>2 » 4</td><td>—</td><td>4 1/2</td><td>—</td><td rowspan="7">3.000 t.
à
4.200 t.</td></tr>
<tr><td>—</td><td>4 » 6</td><td>—</td><td>4</td><td>—</td></tr>
<tr><td>—</td><td>6 » 8</td><td>—</td><td>3 3/4</td><td>—</td></tr>
<tr><td>—</td><td>8 » 16</td><td>—</td><td>3 1/2</td><td>—</td></tr>
<tr><td>—</td><td>16 » 18</td><td>—</td><td>3 1/4</td><td>—</td></tr>
<tr><td>—</td><td>18 » 28</td><td>—</td><td>3</td><td>—</td></tr>
<tr><td>—</td><td>plus fins</td><td>—</td><td>2 3/4</td><td>—</td></tr>
</table>

ce qui fait 8 espèces de métiers à filer au sec.

Pour les numéros au-dessous de 0, le filage se fait au moyen du banc à-broches ; de même aussi pour les numéros 0 à 2, lorsqu'il faut peu de torsion, et que l'on veut économiser la main-d'œuvre.

La vitesse des broches varie avec la matière.

Voici d'ailleurs à ce sujet quelques chiffres relevés dans la pratique :

CONSTRUCTEURS	ECARTEMENTS des broches	NUMÉROS et genres de fils	VITESSE des broches
Walker.	3 p. 1/2	N° 16 lin	3.000 tours
»	3 1/4	16 »	3.800 »
»	3	20 »	3.800 »
»	2 3/4	20 »	4.200 »
»	2 3/4	20 étoupes	3.700 »
Arnold.	3 1/2	15 lin	3.000 »
»	3	20 »	3.700 »
Lawson.	3	20 »	3.500 »
Fairbairn.	3 1/2	15 »	3.000 »
Combe.	3 1/4	16 étoupes	3.000 »
Windsor.	3	20 lin	3.550 »

Perfectionnements divers apportés aux métiers à filer.

1° Commande des broches.

On les commande habituellement comme nous l'avons dit au moyen de *rubans* ou de *cordes en coton*. Ce système offre plusieurs inconvénients.

1° Quand on veut donner une vitesse à peu près régulière aux broches, il faut tendre fortement ces rubans, ce qui est presque impossible ou les élargir ce qui n'est pas pratique, car les lisières s'usent rapidement.

En supposant même la tension dont nous parlons

obtenue, il en résulterait une pression considérable sur le collet et sur les crapaudines car le métier devient alors plus lourd, par suite la crapaudine s'use vite, et la broche tourne d'une façon défectueuse.

Le collet s'emplit de poussière quand on file au sec, ce qui absorbe l'huile de graissage et fait chauffer le métier.

Pour éviter ces inconvénients, il suffit de donner à la courroie une tension assez faible.

2° On a préconisé l'emploi des engrenages ; ici on se heurte à quatre inconvénients : 1° L'impossibilité d'arrêter l'ailette dans sa rotation ; 2° le bruit produit ; 3° l'usure rapide ; 4° la rupture des dents.

On a tourné la première difficulté en rendant le pignon

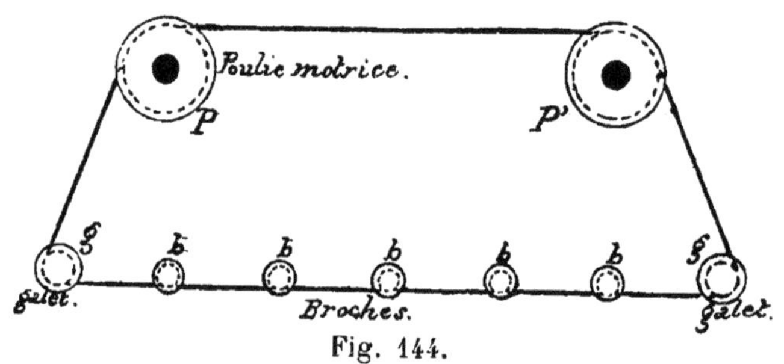

Fig. 144.

conique de la broche solidaire d'un frein qui permet l'arrêt au moment voulu.

3° On peut commander les broches au moyen d'une courroie large de 30 mm., enveloppant toutes les noix, et venant s'enrouler sur deux poulies pliées verticalement à l'intérieur du métier (Fig. 144).

Ce système présente l'inconvénient suivant : lorsque la courroie vient à casser, tout le métier est arrêté. Il est vrai que souvent on peut prévoir à l'avance si la courroie va casser.

Enfin nous dirons que des essais de commande de broches ont été tentés à l'aide de l'électricité et à l'aide d'eau sous pression actionnant les broches au moyen de petites turbines ; malheureusement les difficultés de montage et surtout le prix ont fait échouer les tentatives intelligentes.

2° Construction des ailettes.

Les ailettes en usage dans la filature au mouillé ne sont pas exemptes d'inconvénients.

On leur reproche principalement :

1° De casser au moindre choc au bout des tiges quand elles sont trempées ;

2° De tacher le fil par la rouille qui s'amasse aux extrémités du volant ;

3° De s'user facilement à leurs courbures, et de se couper assez rapidement.

4° D'érailler souvent les filaments à la partie interne du guide-fils.

3° Régulateurs de friction des bobines.

Comme nous l'avons fait remarquer, on abandonne à l'ouvrière le soin de régulariser la tension des cordes à plomb, ce qui ne produit que difficilement un envidage convenable du fil. Aussi a-t-on cherché à rendre automatique cette opération. Nous citerons à ce propos le système représenté fig. 145. La barre à crans ordinaire *D* est conservée. On ajoute une tringle ronde *B*, munie de gorges en regard de chaque bobine. Les cordes sont fixées sur la barre *A*. Celle-ci reçoit un mouvement lent de déplacement dans le sens de la torsion.

La tringle *A* reçoit son mouvement de déplacement par l'intermédiaire de la vis *V*, le rochet *R*, et le cliquet *C*. Ce mécanisme n'est pas pratique car malheureusement si certains fils viennent à casser toutes les bobines ne conservent pas un diamètre uniforme.

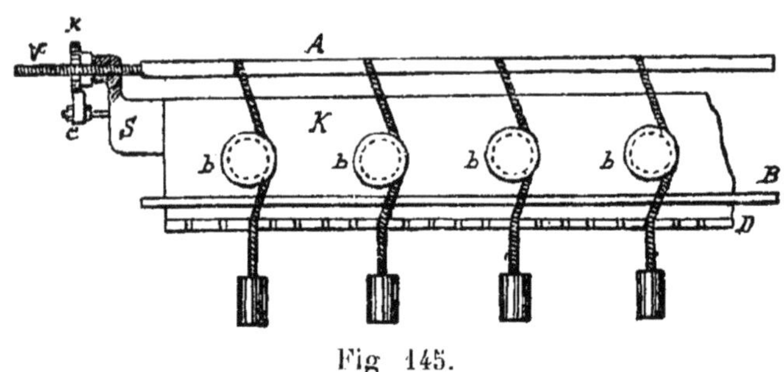

Fig 145.

4° Broches montées sur bills.

Le dessin fig. 146 représente un nouveau dispositif de montage sur billes des broches de filature et en particulier des broches de filature de lin, chanvre, jute et étoupes, où il donne d'excellents résultats. Il est dû à M. Villoquet directeur de filature très connu à Lille.

1 est la barre à crapaudine sur laquelle est montée une crapaudine 4 percée d'un trou 10, fermé en bas par une vis 5 formant bouchon.

Dans la crapaudine se trouve placé un grain 2 en acier trempé sur lequel sont disposées des billes 3.

La broche 6 se termine à sa partie inférieure par une aiguille 9 qui s'emmanche dans le trou de guidage 10 de la crapaudine 4. Une bague 7 en acier trempé placée sur le bout de la broche 6 assure le bon contact de la broche sur les billes et par suite réduit l'usure,

Les bagues 2 et 7 sont évidées en forme de cuvette pour épouser la forme des billes et maintenir ces dernières en place.

Un couvercle 8 placé au-dessus de la crapaudine 4 empêche l'introduction des poussières dans l'huile du réservoir.

D'après des essais très sérieux qui ont été effectués sur des machines dont les broches étaient toutes montées à

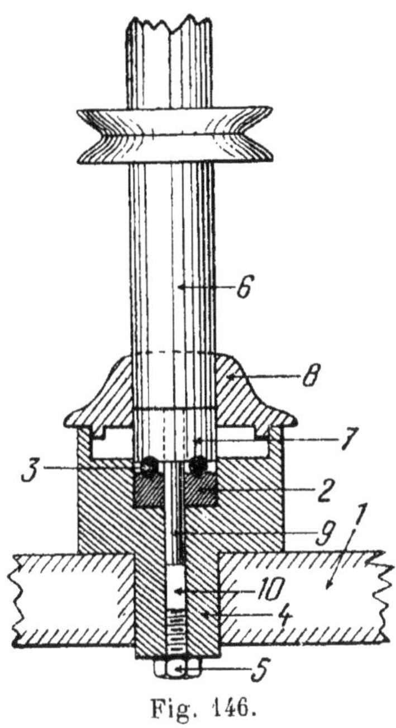

Fig. 146.

l'aide de ce dispositif on a constaté une économie de 30 0/0 sur la force absorbée ce qui est évidemment très intéressant.

5° Graissage automatique et continu des broches de métiers à filer.

M. Arthur Guillemaud filateur à Loos près Lille (Nord) a eu l'idée de graisser à l'huile d'une façon continue et automatique tous les collets et crapaudines correspondants aux broches d'un métier à filer le lin, le chanvre, le jute etc... Son dispositif représenté sur les dessins figures 147 à 149 est très simple mais nécessite le remplacement de la barre à collets et de la barre à crapaudine.

La figure **147** est une élévation-coupe par l'axe d'une

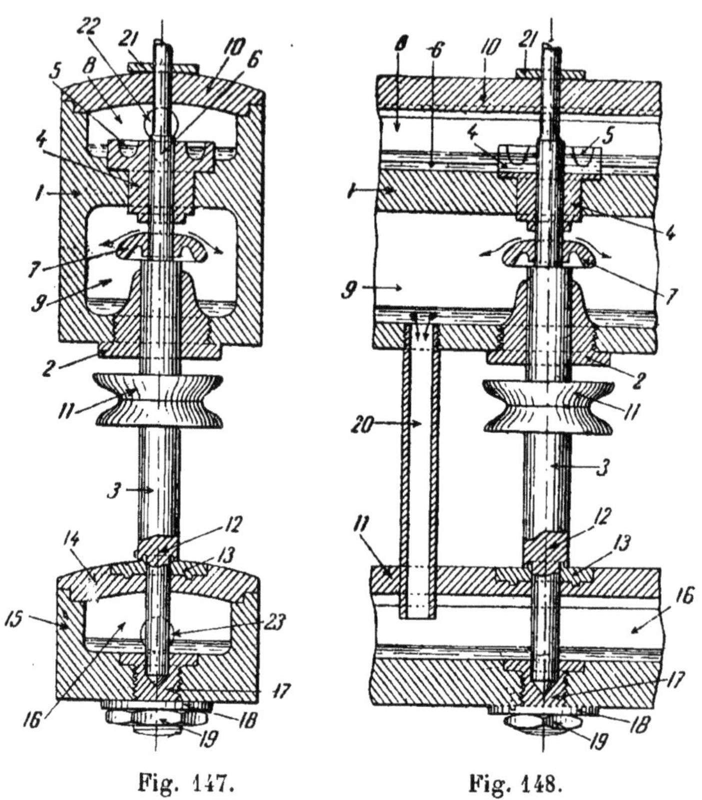

Fig. 147. Fig. 148.

broche, la figure **148** est un profil-coupe dans les mêmes conditions enfin la fig. **149** est une vue schématique indiquant la disposition d'ensemble.

En se reportant à ces figures, on voit que la barre à collets **1** porte à la partie inférieure une douille filetée **2** assurant un joint hermétique, et guidant la broche **3** ; d'autre part, le collet **4** ajusté à force dans la barre **1** présente à la partie supérieure une gorge **5** ; une rainure axiale et longitudinale **6** règne sur toute la longueur de la barre à collets et se trouve pratiquée également sur les collets 4. D'autre part, une bague 7 présentant en dessous la forme d'un larmier, est ajustée à force sur la broche 3 avec laquelle elle tourne.

La barre à collets 1 se trouve divisée en deux chambres 8 et 9 superposées et régnant sans interruption sur toute sa longueur. Un chapeau 10 ne laissant passer que les broches 3 ferme la chambre 8 et s'oppose à toute introduction de poussières ou de corps étrangers. En dessous de la poulie 11, le pied 12 de la broche présente une gorge dans laquelle s'engage une saillie correspondante que porte une douille 13 ; celle-ci est fixée dans le cha-

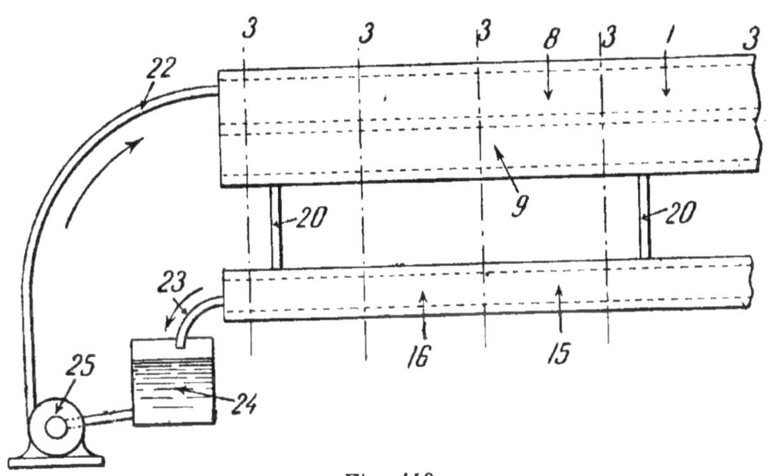

Fig. 149.

peau 14 et concourt ainsi à assurer un bon joint et à éviter toute fuite.

La barre à crapaudines 15 présente à l'intérieur la forme d'une chambre 16 ; à la partie inférieure, un bouchon 17 forme crapaudine et porte une rondelle 18 et un écrou de serrage 19 assurant un joint parfaitement étanche. De place en place, un tube 20 établit verticalement la communication entre les chambres 9 et 16. Enfin, s'il est nécessaire, des rondelles en feutre **21** peuvent être disposées au-dessus du chapeau supérieur **10**, autour des broches, pour empêcher tout passage de poussières.

Enfin, fig. 3, un tube **22** fait communiquer la chambre supérieure **8** avec une pompe par exemple ; d'autre part, un tube **23** relie la base de la chambre inférieure **16** avec un filtre à huile **24** parfaitement clos pour éviter toute chute de poussières. L'huile du filtre est ensuite appelée par la pompe **25**, à laquelle pourrait par exemple se substituer une chaîne à godets.

Le fonctionnement de l'appareil est des plus simples ; le filtre **24** renfermant à la mise en marche une certaine quantité d'huile, celle-ci est appelée par la pompe ou l'appareil élévateur **25**. Elle se trouve injectée par le tnbe **22** dans la chambre supérieure **8** sur toute la longueur de laquelle elle se répand ; grâce à l'entaille longitudinale et axiale **6**, tous les collets se trouvent graissés du même coup. Cette huile qui a rempli son office aux collets, s'échappe et tombe respectivement sur toutes les bagues à larmier **7** qui, tournant rapidement avec la broche **3** la projettent dans la chambre intermédiaire **9** ; celle-ci étant bien étanche, l'huile emprunte les tubes verticaux **20** et par l'action de la pesanteur, se réunit dans la chambre **16** ; après avoir graissé les crapaudines, ce qui est la seconde partie de son office, elle s'écoule par le tube **23** pour se rendre au filtre, se clarifier, et s'y débarrasser des impuretés étrangères ; après quoi elle continue son circuit et sert à nouveau au graissage des collets, puis des crapaudines, et ainsi de suite.

6° Graissage automatique des cylindres d'étirage.

Le dispositif ingénieux qui va être décrit et qui est également dû à M. Arthur Guillemaud se rapporte à un procédé de graissage automatique applicable aux cylindres étireurs des métiers à filer au sec et au mouillé, ainsi qu'aux bancs-à-broches ; actuellement, ce graissage est effectué à la burette de temps à autre, ce qui le rend coûteux et très irrégulier ; l'orifice d'introduction d'huile est souvent obstrué par les poussières, ce qui détermine des grippements et des arrêts de machines. Le dispositif qui va être exposé obvie à ces inconvénients : le graissage s'effectue automatiquement, le prix de revient est fortement diminué et la lubrification est très régulière ; les grippements ne sont plus à redouter et l'appareil demande fort peu de surveillance ; enfin, il est facilement applicable à tous les métiers existants.

Les dessins joints à titre de spécimen permettent de se rendre compte du fonctionnement de cet appareil ; la fig. 150 est une élévation d'un étireur de métier à filer le lin au mouillé le chapeau étant coupé suivant l'axe *ab* ; la fig. 151 le montre en plan.

En se reportant à ces figures 1 et 2 on remarque au-dessus de l'étireur 1 un chapeau de forme spéciale 2 que des vis 3 et 4 appliquent sur le demi-coussinet habituel 5. Le coussinet supérieur ou chapeau 2 présente une chambre 6 dans laquelle on a réservé deux coulisses horizontales 7 et 8 ; celles-ci servent à guider parallèlement un petit axe horizontal 9 sur lequel sont montés à demeure deux galets en cuir par exemple, 10 et 11. Ces galets, en temps normal, appuient contre l'étireur 1 et tournent conséquemment dans le sens indiqué par la flèche (fig. 150) ; leur poussée ou pression contre cet étireur se règle facilement à l'aide de deux vis 12 et 13, munies de contre-écrous 14 et 15 et dont l'extrémité agit sur l'axe 9, de part et d'autre. Enfin, un bouchon 16 permet d'introduire l'huile dans la chambre 6 et s'oppose à l'entrée des poussières et corps étrangers. Il est facile de comprendre qu'en marche, l'étireur 1 entraîne les galets distributeurs 10 et 11 qui pressent convenablement contre lui ; ces galets plongent dans l'huile **17** qui se trouve dans la chambre 6 et en imprègnent constamment

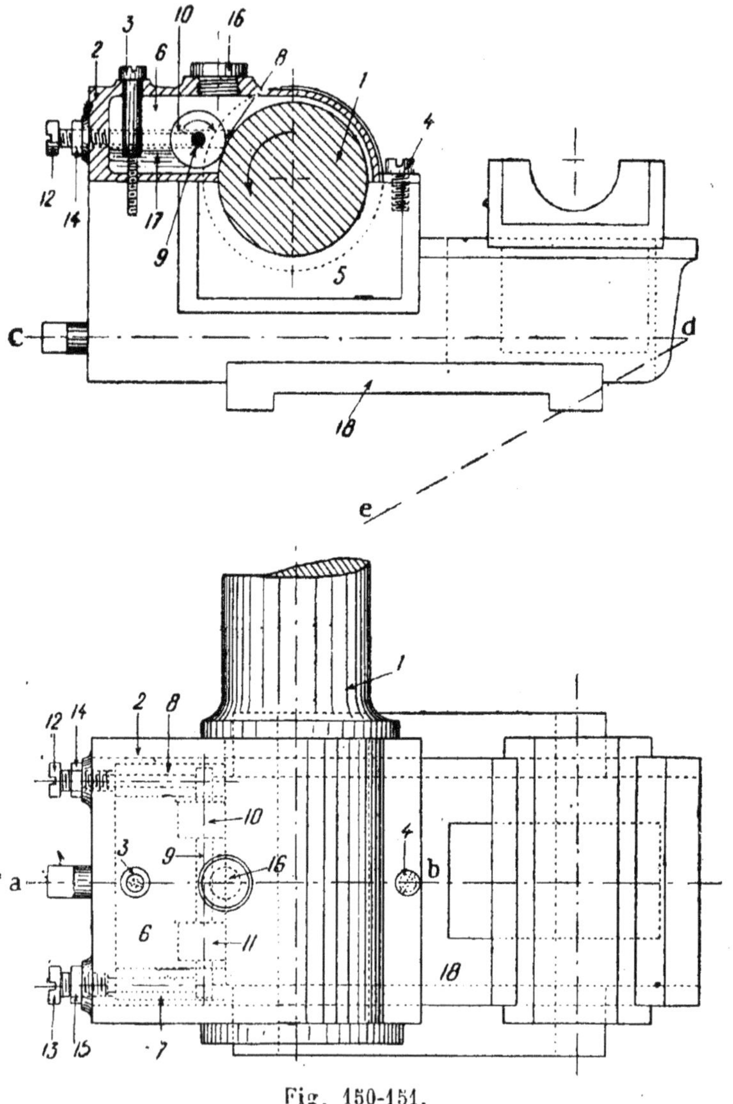

Fig. 150-151.

l'étireur, par suite de leur rotation continue. Il est à

noter enfin que le support 18 n'est pas en réalité horizontal dans l'exemple choisi ; la direction *cd* (fig. 150) représentée horizontale pour simplifier, occupe en réalité une position inclinée telle que *de* ; la chambre à huile, comme tout l'ensemble, du reste, participe donc à cette inclinaison.

Enfin, un joint au mastic, au papier, au carton mince, etc., assure, s'il est nécessaire, l'étanchéité de la chambre à huile, en s'opposant aux fuites possibles.

7° Procédé de graissage à alimentation proportionnelle à la consommation.

A première vue ce système de graissage présente une analogie apparente avec la lubrification à la graisse consistante. On connaît la grande économie obtenue avec ce système par le fait que dans la masse lubrifiante la partie active (attenante à l'arbre) devient de plus en plus faible, mais dans ce système elle n'est dégagée qu'après échauffement du palier et ne peut pas être régulière.

Tandis que dans le présent procédé la masse lubrifiante agit sur l'arbre sans échauffement dès le commencement de la rotation et jamais la moindre quantité d'huile ne pourra s'accumuler sur l'arbre. Il s'ensuit que le mauvais graissage provenant du souillage rapide de semblable accumulation est exclus de même que les pertes de lubrifiant qui en résultent.

La préparation d'une masse lubrifiante correspondante aux conditions physiques exposées ne peut se réaliser qu'à l'aide d'un nombre limité de matières, par exemple la sciure de bois et la tourbe : ces corps absorbent l'huile et la retiennent de telle sorte que d'une part même la moindre fraction de lubrifiant ne peut se dégager par son propre poids tandis que d'autre part la quantité de lubrifiant nécessitée au graissage de l'arbre est dégagée par la seule action de l'adhérence, sans le concours d'aucune action mécanique.

Le procédé de la lubrification à l'alimentation rigoureusement proportionelle offre les avantages suivants :

1° Grande simplicité de graissage puisque son action commence dès l'application de la masse.

2° Grande économie dans la consommation d'huile qui se réduit à environ 5 à 10 0/0 de la consommation actuelle.

3° Grande propreté puisque l'huile ne peut jamais couler après avoir servi.

4° Grand degré de perfection dans le graissage puisque l'arbre règle lui-même la consommation d'huile nécessaire.

5° Grande facilité d'application du procédé dans tous les cas.

6° Grande simplification dans le service puisque les godets graisseurs ne devront être remplis que très rarement.

7° Grande diminution du prix de revient des récipients graisseurs.

8° Produit dénommé « Oleisonine » destiné à tous les modes de graissage, et son application aux métiers à filer.

Le produit dénommé « oleisonine » est composé d'huile industrielle, de son, d'éther et d'ocre jaune et forme une graisse consistante.

Pour le préparer on met dans un récipient du son provenant de la mouture de n'importe quelle graine, de blé, de seigle, de maïs, de lin, d'orge, etc., et on verse l'huile dessus en quantité convenable de manière à obtenir une graisse consistante.

On arrive au résultat en laissant pendant 24 heures le son s'imprégner d'huile. On ajoute à cette graisse un peu d'éther dans le but de diminuer l'échauffement de l'objet à graisser et un peu d'ocre jaune pour colorer le produit. Le son joue un rôle très important car il contient une matière très grasse et possède la propriété d'absorber une énorme quantité d'huile. Il donne au produit l'avantage d'être bien homogène, de ne pas former de cambuis et d'obtenir un graissage continu. Ce produit est de beaucoup supérieur à ceux dans la composition desquels entrent soit des moëlles d'arbustes ou de plantes, soit des fibres quelconques, parce que ces matières ne contiennent pas comme le son une grande quantité de matières grasses.

Application sur métiers à filer. — Les barres à broches sont creusées pour recevoir en magasin le produit « oléisonine », les cuvettes des collets ont une ouverture dans le sens de la longueur du métier, pour éviter que la broche en tournant n'écarte le produit mis en contact avec elle ; deux petites lames formant chicanes sont soudées dans l'intérieur de la cuvette en sens opposé à la rotation de la broche ; un couvercle en cuivre s'emboîte sur cette cuvette et possède deux ouvertures sur le côté pour le passage du produit.

Au-dessus des barres à broches se trouve une tôle de protection qu'on peut soulever pour introduire l'huile.

Ce procédé s'applique aux broches de filature au sec ou au mouillé pour les collets et crapaudines ainsi qu'à tous organes quelconques du moment que les modifications nécessaires ont été faites.

Plan des commandes d'un métier à filer le lin au sec à écartements mobiles permettant de travailler le lin et l'étoupe du n° 6 au n° 12 (Construction Walker).

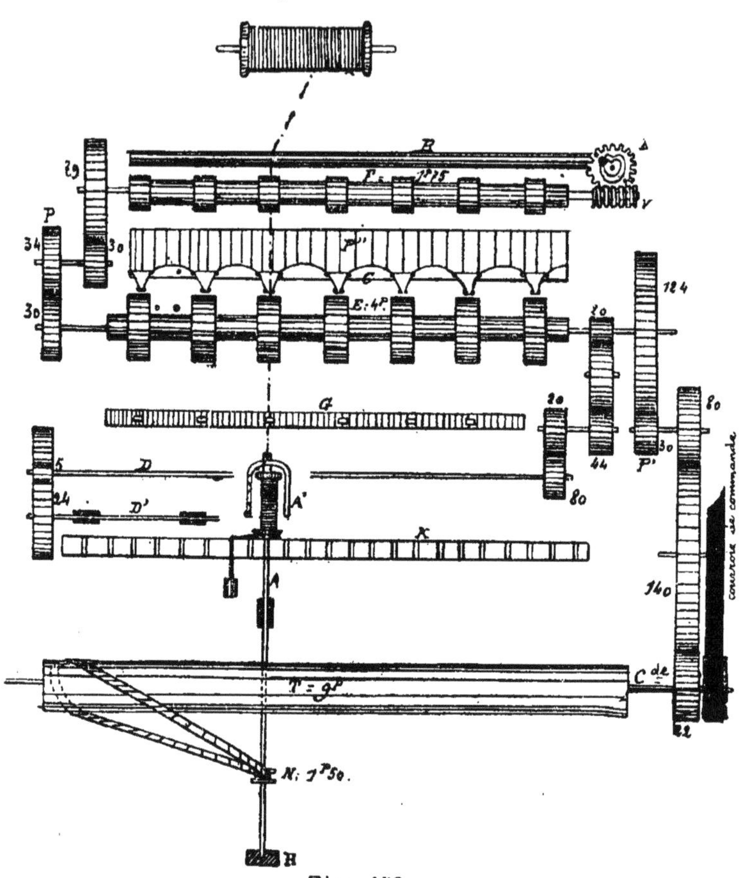

Fig. 152.

Légende du plan.

B. Barre à mèches.
P. Cylindre fournisseur 1 p. 75.
P''. Plaque guide-mèches.
V. Vis solidaire de F servant à commander E, puis B.
G. Guide-fils.
A'. Ailette.
K. Chariot ou monte-et-baisse.
D'. Arbre du mouvement de monte-et-baisse.
N. Noix de broche.
H. Crapaudine.

C. Barre à conduits.
P. Pignon d'étirage.
E. Cylindre étireur : 4 P.
P'. Pignon de torsion.
A. Broche.
D. Arbre de commande du monte-et-baisse.
T. Tambour de commande des broches.
(La commande du métier se fait sur l'arbre de T.)

Calculs du metier à filer Walker (fig. 152).

DÉSIGNATION des organes	NOMBRE DE TOURS à la minute	DÉVELOPPEMENT des cylindres à la minute, en pouces.	ETIRAGE
Poulie motrice.	150 tours.		Etirage entre fournisseur et étireur.
Cylindre fournisseur.	$\frac{150 \times 22 \times 30 \times 20 \times 30}{80 \times 124 \times 34 \times 79} = 2$ t. 23	1 p. 75 × 3,14 × 2,23 = 12 p. 27.	$\frac{\text{Développement E}}{\text{Développement F}} =$
Cylindre étireur.	$\frac{150 \times 22 \times 30}{80 \times 124} = 9$ t. 979.	4 p. × 3,14 × 9,979 = 125 p. 33.	$\frac{125 \text{ p. } 33}{12 \text{ p. } 27} = 10,2$
Broches.	$\frac{150 \times 9 \text{ p.}}{1 \text{ t. } 5} = 900$ t.		ou directement :
Arbre de commande du monte-et-baisse	$\frac{150 \times 22 \times 30 \times 20 \times 20}{80 \times 124 \times 44 \times 80} = 1$ t. 134.		$\frac{4 \text{ p. } \times 34 \times 79}{1 \text{ p. } 75 \times 30 \times 30} =$ 10,2

$$\text{Torsion par la vitesse des broches} = \frac{\text{Vitesse broches}}{\text{Développement du cylindre étireur}} = \frac{900}{125 \text{ t. } 33} = 7 \text{ t. } 18 \text{ au pouce.}$$

2° Filage du lin au mouillé.

Lorsque les fils doivent atteindre une grande finess on fait intervenir l'action de l'eau pour produire un décomposition plus complète des filaments, par le ramol lissement de la matière gommo-résineuse qui les lie. Le filaments élémentaires, sous l'action de l'appareil étireu peuvent alors glisser les uns sur les autres, pour s resouder ensuite dans un groupement nouveau, et repren dre leur consistance première.

Principe du filage au mouillé.

Philippe de Girard qui en est l'inventeur dit à c propos:

Les brins de lin ne sont qu'un assemblage de petite fibres collées l'une contre l'autre, se recouvrant mutuel lement, et dont les plus longues n'ont guère que 9 10 centimètres de longueur, et la plupart beaucou moins.

La substance qui unit ces filaments peut être facile mentenlevée par divers agents : 1° *L'eau pure* la ramoll et la dissout avec le temps, surtout si l'air se joint à so action ; 2° *Les lessives alcalines chaudes* l'enlèvent pres que instantanément ; il suffit même de plonger un bri de lin dans une pareille lessive pour le rendre divisible l'infini.

Si l'on prend un fil quelconque, pourvu qu'il ait été les sivé, si l'on en détourne un bout de 10 à 12 cm., et s l'on essaie de le casser, il n'oppose qu'une très faibl résistance ; si on le mouille la résistance devient absolu ment nulle, ce qui prouve que celle que l'on éprouvai d'abord n'était qu'un frottement des fibres entrelacées e tortillées ; l'humidité, en les ramollissant, les redresse et fait cesser cette résistance.

Telle est la base sur laquelle repose le procédé du filage au mouillé.

On obtient par le filage au mouillé des numéros plus fins qu'au sec ; les lins longs fournissent couramment du n° 6 au n° 80 ; les lins coupés donnent jusqu'au n° 300 et au-dessus. On obtiendrait facilement au mouillé du n° 40 avec du lin qui ferait du n° 25 au sec ; des matières destinées à faire du 25 au mouillé donneraient difficilement du 18 au sec.

Il suit de là que les produits obtenus au sec, demandant l'emploi de matières plus solides, ont par conséquent une plus longue durée. Dès lors, le consommateur qui fait usage de toile de lin sec est toujours certain de les voir moins vite s'user que les toiles plus fines fabriquées avec du fil mouillé.

Description du métier à filer au mouillé.

Les métiers au mouillé ne diffèrent de ceux au sec que par les appareils alimentaires et étireurs.

Les bobines B provenant du banc-à-broches sont placées sur des broches verticales disposées généralement sur deux rangées, tantôt l'une derrière l'autre, tantôt l'une devant l'autre, à la partie supérieure du métier, sur un support T (fig. 153).

Les mèches qui s'en déroulent sont ensuite guidées par des tringles horizontales *b*. Elles pénètrent alors dans un bac H, régnant sur toute la longueur de la machine, et renfermant l'eau destinée à désagréger les filaments du lin. Cette eau est amenée par un tuyau muni d'un robinet. Un autre tuyau amène la vapeur qui sert à élever la température de l'eau au degré voulu. Cette température varie suivant la qualité du lin que l'on file, et ne se règle convenablement que par la pratique.

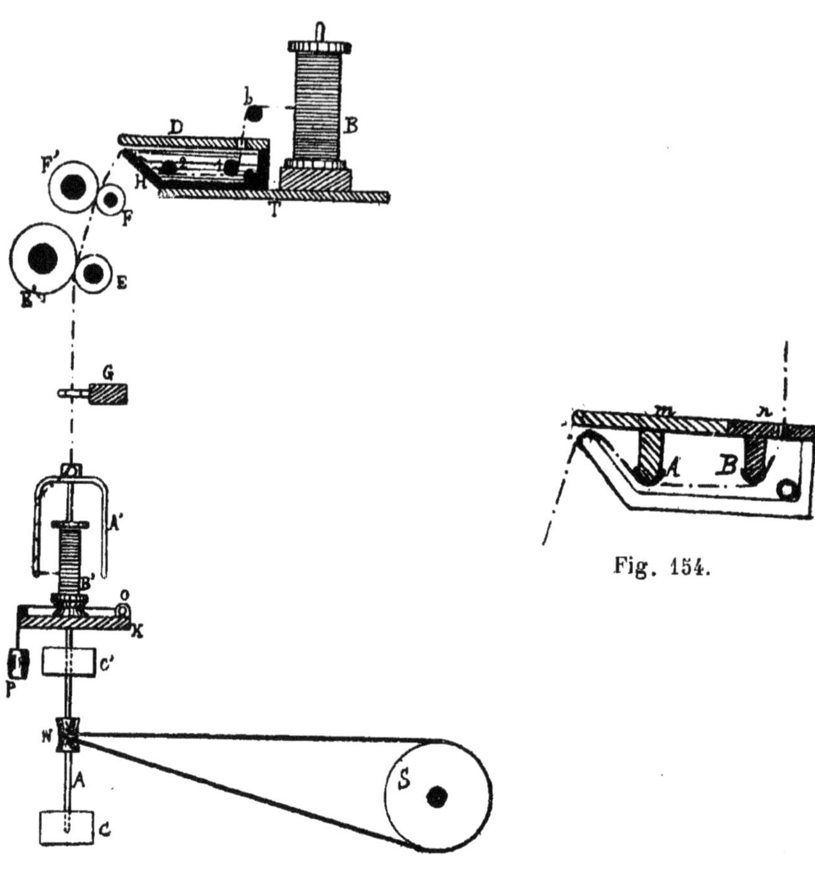

Fig. 153.

Fig. 154.

Deux tringles immergées 1 et 2, servent à guider les mèches dans le bac H. Parfois, l'une ou l'autre de ces tringles sert en même temps de tuyau de vapeur. D'autres installations de bacs, ainsi que l'indique la fig. 154, ont leur couvercle fait en deux parties *m* et *n* après chacune desquelles se trouvent rapportées d'équerre des pièces de bois A et B portant à leur partie inférieure des bandes de cuivre servant de guides à la mèche.

Dans les fig. 153 et 154, le tuyau de vapeur est indépendant et se trouve figuré dans le fond du bac H, à droite.

Un couvercle D couvre toujours le bac H, afin d'éviter l'évaporation de l'eau chaude. Sans cette précaution, par les grands froids, il se produirait un brouillard factice.

Les cylindres fournisseurs F et étireurs E sont peu écartés l'un de l'autre ; cet écartement de cylindres doit être un peu supérieur à la longueur des filaments que l'on traite, de façon que la mèche ne soit pas trop abandonnée à elle-même, et ne risque pas de se désagréger et de se rompre.

Or ici, on doit tenir compte de la longueur des fibres élémentaires du lin, dont la longueur varie de 8 à 10 centimètres, mais est souvent moindre. On doit donc ne donner cet écartement que pour les lins les plus longs, et le réduire conséquemment dans la plupart des cas. L'expérience a démontré que les lins durs et forts, chargés de matières gommeuses, demandent de plus grands écartements que les lins tendres et fins.

Les cylindres E′ et F′ sont les rouleaux de pression. Les cylindres inférieurs F et E sont en cuivre cannelé. Le cylindre E porte de 18 à 40 cannelures au pouce de diamètre, suivant le n° que l'on file. Le cylindre E′ est en gutta-percha, buis, poirier ou caoutchouc.

L'écartement des cylindres varie aussi avec la pression ; plus la pression est forte, plus il faut un effort considérable de traction pour opérer à distance le glissement des filaments. La distances des cylindres est plus faible que pour le filage au sec, car on doit tenir compte ici que les fibres dégommées raccourcissent. L'écartement des cylindres est un facteur fort important.

Quelques filateurs préfèrent modifier la pression ; car

au bout d'un certain temps les étireurs cèdent à l'usure continuelle qu'exercent les fibres pressées fortement contre eux, ce qui produit à leur surface un sillon qui amoindrit singulièrement l'action de l'étirage ; quelquefois cette usure est si profonde que la préparation y passe toute entière. Si l'on suppose que le métal est suffisamment dur pour écarter l'inconvénient du sillage, il arrive que les cannelures du cylindre s'impriment avec une telle force sur la mèche que la torsion la plus forte ne peut les faire disparaître, et qu'on retrouve dans le fil bon nombre de points qui sont comme aplatis et broyés.

En G se trouve figurée la platine guide-fils. La broche A porte l'ailette A′. La barre à crapaudines C et la barre à collets C′ servent à guider cette broche. La noix N, commandée par le tambour S actionne la broche A. Le chariot K, ou monte-et-baisse porte les bobines B′. En un point antérieur *o*, solidaire de K, se fixent les cordes à plomb *p*, faisant frein sur le plateau inférieur de B′.

Calcul de la pression exercée sur les cylindres (fig. 155).

F et F′ sont les cylindres fournisseurs.

E et E′ sont les cylindres étireurs.

Par un système de leviers, la pression s'effectue sur l'étrier J, et de là sur les arbres des rouleaux supérieurs E et F′. Le point d'articulation *o* est fixe et solidaire du bâti.

Si nous appelons *t* la pression exercée sur le fournisseur F′, on a :

$$t = \frac{P \times OA}{OB} \times \frac{d'}{d + d'} = P \times \frac{ad'}{a'(d + d')} \quad (1).$$

De même pour la pression t', exercée sur E', on a :

$$t' = \frac{P \times OA}{OB} \times \frac{d}{d + d'} = P \times \frac{ad}{a'(d + d')} \quad (2).$$

On varie la pression totale en reculant P sur le levier OB, soit à droite, soit à gauche.

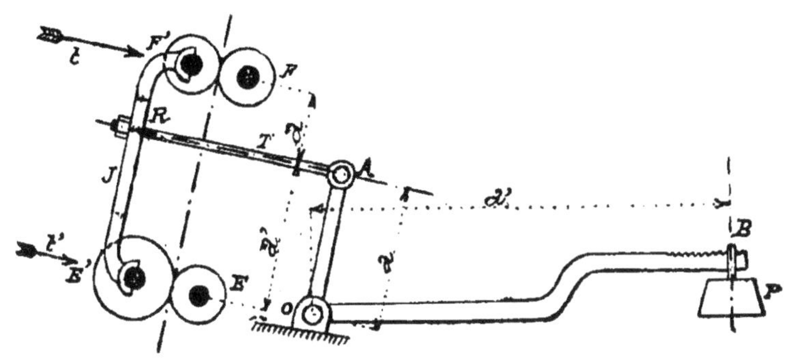

Fig. 155.

On augmente la pression sur l'un ou l'autre des cylindres E' et F', en rapprochant le point R d'attache de la tringle T sur la selette J. A cet effet la selette porte une coulisse dans laquelle peut se déplacer T.

Selette de Gordon modifiée par Combe (fig. 156).

La selette J appuie à l'une des ses extrémités sur une tringle fixe o. L'autre extrémité repose comme auparavant sur le cylindre E'. Quant à la pression sur le cylindre F', elle s'effectue par l'intermédiaire d'un coussinet en bronze c.

La tringle T et le coussinet c peuvent coulisser dans la selette J.

Les métiers construits par Combe se distinguent par l'adoption des pressions décrites ci-dessus ; l'avantage qui résulte de leur emploi consiste en ce que les rouleaux

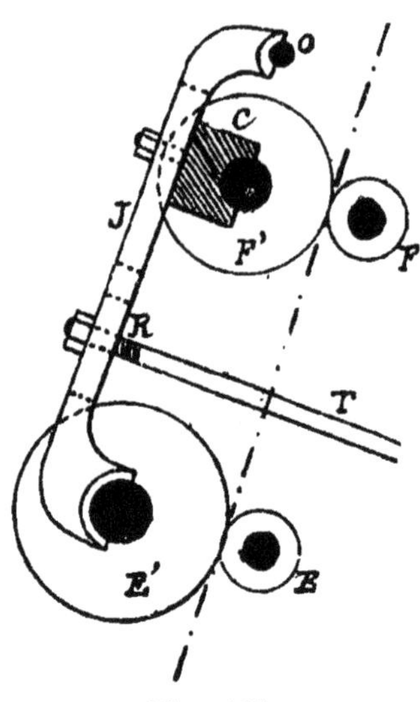

Fig. 156.

étant plus grands, la pression est toujours en ligne droite, il y a plus de facilités pour faire des changements, et l'ouvrier a plus de place pour nettoyer et arranger les cylindres pendant leur marche.

Remarque.

La torsion au métier à filer au sec doit toujours être moindre qu'au mouillé, car, à numéro égal, les matières étant plus fortes pour le premier que pour le second, il est incontestable qu'avec une torsion moindre, le fil aura une résistance suffisante pour être employé. Mais cette torsion varie suivant la demande de l'acheteur.

D'une manière générale, la torsion dépend de la longueur des brins, de leur qualité, et de l'écartement des

Calculs d'un métier à filer au mouillé (Système *Lawson*).

DÉSIGNATION des organes	NOMBRE DE TOURS à la minute	DÉVELOPPEMENT en pouces par minute	ETIRAGE
Moteur.	200 tours.		Etirage entre E et F =
Tambour des broches.	$200 \times \frac{36}{16} = 450$ tours.		$\frac{170,06}{26,34} = 6,52.$
Broches.	$200 \times \frac{36}{16} \times \frac{10}{2} = 2.250$ tours.		ou Etirage =
Barre à mèches	$200 \times \frac{36}{16} \times \frac{22}{130} \times \frac{24}{84} \times \frac{48}{72} \times \frac{33}{86} \times \frac{1}{40} =$ 0 t. 39.		$\frac{\text{diam. étireur}}{\text{diam. fournisseur}} \times$
Fournisseur.	$\frac{200 \times 36 \times 22 \times 24 \times 48 \times 33}{16 \times 130 \times 84 \times 72 \times 86} =$ 6 t. 59	$6,59 \times 3,1416 \times 1$ p. 5 = 26 p. 34	$\frac{\text{prod. commandés}}{\text{prod. commandeurs}} =$
Etireur.	$\frac{200 \times 36 \times 22 \times 24}{16 \times 130 \times 84} =$ 21 t. 73.	$21,73 \times 3,1416 \times 2$ p. 5 = 170 p. 06	$\frac{2\ 5 \times 72 \times 86}{1,5 \times 48 \times 33} = 6,51.$

Torsion par la vitesse des broches : $\frac{2.250}{170,06} = 13$ t. 20.

ou, Torsion $= \frac{\text{Produit des Commandeurs}}{\text{Produit des commandés} \times \text{développt. étireur}} = \frac{84 \times 130 \times 10 \text{ p.}}{24 \times 22 \times 2 \times 2 \text{ p. } 5 \times 3,1416} = 13$ t. 20.

cylindres ; c'est-à-dire que les lins les plus longs devront être moins tordus que les lins courts ; que les lins tendres et faibles demandent plus de torsion que les lins nerveux et forts ; que la mèche de préparation doit relativement être moins tordue avec de petits qu'avec de grands écar-

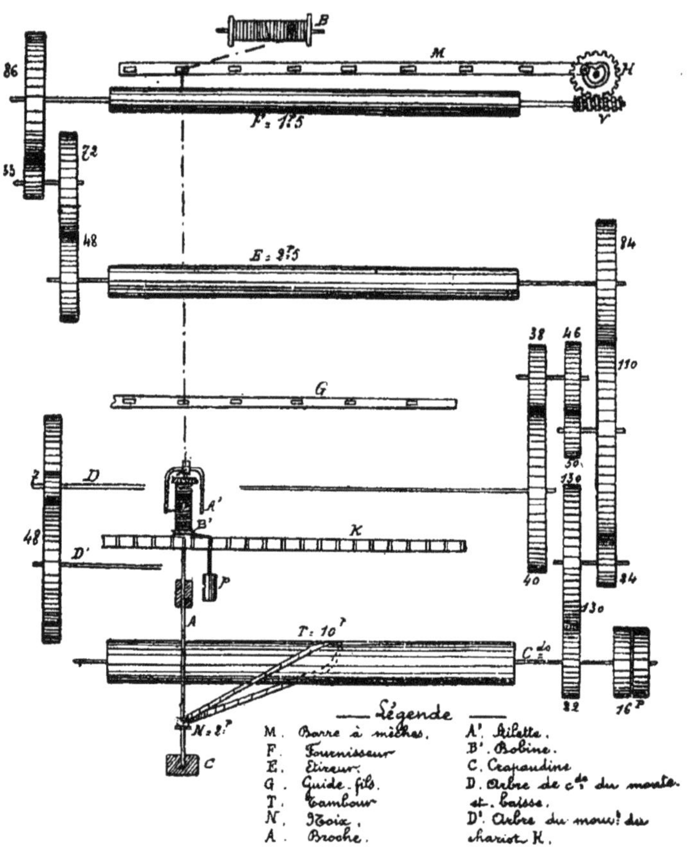

Fig. 157.

tements de cylindres. Les brins courts doivent être plus tordus parce qu'ils se détachent plus facilement les uns des autres ; de même les lins médiocres, parce qu'ils se soutiennent mieux avec une bonne torsion.

Voici le tableau des torsions moyennes que l'on donne ordinairement dans le commerce à chaque numéro :

NUMÉRO du fil	Torsion par pouce	Torsion par décimètre	NUMÉRO du fil	Torsion par pouce	Torsion par décimètre
2	2,82	11,1	18	8,48	33,4
3	3,46	13,6	20	8,94	35,3
4	4	15,8	22	9,38	37
5	4,46	17,6	25	10	39,5
6	4,90	19	28	10,58	41,7
7	5,33	21	30	10,94	43,2
8	5,76	22,7	35	11,82	46,6
9	6	23,7	40	12,64	49,9
10	6,32	24,9	45	13,40	52,9
12	6,92	27,3	50	14,14	55,8
14	7,48	29,5	55	14,81	58,5
16	8,	31,6	60	15,48	61,1

Suite du tableau des torsions.

NUMÉRO du fil	Torsion par pouce	Torsion par décimètre	NUMÉRO du fil	Torsion par pouce	Torsion par décimètre
65	16,12	63,6	120	21,90	86,5
70	16,72	66	130	22,80	90
75	17,32	68,4	140	23,66	93,4
80	17 88	70,6	150	24,48	96,6
85	18,44	72,8	160	25,28	99,8
90	18,96	74,8	170	26,06	102,5
95	19,48	76,9	180	26,82	105,9
100	20	79	190	27,56	108,8
110	20,76	82,7	200	28,28	111,7

Problème.

La mèche du banc est au nº 4,5, on veut obtenir un fil nº 50. Quel est l'étirage ?

Ce sera : $$E = \frac{50}{4,5} = 11,111.$$

Nous aurons absolument comme nous l'avons démontré pour le banc-à-broches.

$$\text{Pignon d'étirage} = \frac{\text{Nombre constant A}}{\text{Etirage } 11,111}.$$

Calcul de la production en longueur d'un métier à filer du n° 60.

D'après le tableau des vitesses, nous voyons que les broches font théoriquement 2.250 tours, mais en pratique, il faut déduire environ 4 0/0, ce qui ramène la vitesse réelle à 2.250 tours $\times$ 0,96 = 2.160 tours.

En donnant au fil, par exemple, une torsion de 15 tours par pouce, le nombre de pouces produits par minute et par broche sera :

$$\frac{2.160}{15} = 144 \text{ pouces.}$$

En une journée de 11 heures ou 11 $\times$ 60 = 660 minutes, elle sera :

$$144 \times 660 = 95.040 \text{ pouces}$$

ou :

$\frac{95.040}{36}$ = 2.640 yards, puisque 1 yard vaut 36 pouces.

Si enfin on divise ce résultat par 360.000, on aura le nombre de paquets correspondants, soit :

$$\frac{2.640}{360.000} = 0,007333.$$

Un métier de **120** broches, par exemple, produirait :

$$0,00733 \times 120 = 0 \text{ paquet } 8796 \text{ (théoriquement)}$$

mais comme il y a des causes d'arrêt diverses, cette production se réduit en pratique de **12** à **15** 0/0 et devient, si on retranche par exemple **12** 0/0 :

$$0,8796 \times 0,88 = 0 \text{ paquet } 7735.$$

La production en poids pourrait alors se déterminer facilement, en effet le paquet de fil n° **60** pesant :

$$\frac{540}{60} = 9 \text{ k.}$$

le poids du fil produit sera :

$$0,7735 \times 9 = 6 \text{ k. } 9615.$$

Classification des métiers à filer au mouillé.

Les métiers à filer qui servent à filer des numéros fins sont absolument les mêmes que ceux qui servent à filer les gros numéros ou même des numéros moyens. Il y a simplement des différences d'écartement de cylindres lesquels vont en effet en diminuant au fur et à mesure que les métiers doivent filer plus fin. Les broches tournent également plus vite au fur et à mesure que la finesse du fil augmente, c'est ce qu'indique le tableau suivant :

Le cylindre étireur de ces métiers diminue de diamètre au fur et à mesure que la finesse du fil augmente ; ainsi les métiers de **3** pouces **1/4** d'écartement ayant des cylindres de **3** pouces de diamètre, ceux de **2** pouces auront seulement **1** pouce **75** de diamètre et encore le nombre des cannelures par pouce de diamètre est aussi de plus en plus grand.

ECARTEMENT des broches	Tours des broches à la minute	Fils qui peuvent être faits sur tel ou tel métier
4 pouces	2.800 à 3.000	4 à 7
3 » 1/4	3.000 à 3.200	3 à 10
3 »	3.300 à 3.500	10 à 20
2 » 3/4	3.700 à 3.800	20 à 35
2 » 1/2	3.800 à 4.500	25 à 40
2 » 1/4	4.300 à 4.800	30 à 50
2 »	4.800 à 5.000	50 à 80
1 » 3/4	5000 tours	Nos extra-fins au-delà de 80

Métier à filer à l'eau froide.

Dans le filage de certains genres de lin, quelques filateurs emploient l'eau froide au lieu de l'eau chaude. Le métiers qu'ils utilisent à cet effet ne sont autre chos que des métiers à eau chaude modifiés.

Chez les uns, la modification consiste à placer le ba rempli d'eau froide un peu plus bas qu'il ne l'est habituellement, et à y laissser plonger par une extrémité un bande de drap ou de feutre H (fig. 158) qui reste ains constamment humide. La mèche est alors étirée à sec, e au sortir de l'étireur E le fil passe sur le drap H, imbib de l'eau du bac D ; ce fil vient ensuite s'enrouler sur l bobine B'. On n'a d'autre but, en agissant ainsi, que d rabattre les barbes dont le fil est couvert et de le rendr plus lisse.

Chez d'autres filateurs, l'eau froide remplace complètement l'eau chaude ; ce qu'il faut alors, puisqu'elle me plus longtemps à produire un effet équivalent, c'est d faire circuler dans l'eau froide la préparation pendant u temps plus long.

A cet effet, on place à l'intérieur du bac un système de moufles de petites dimensions. A chaque broche corres-

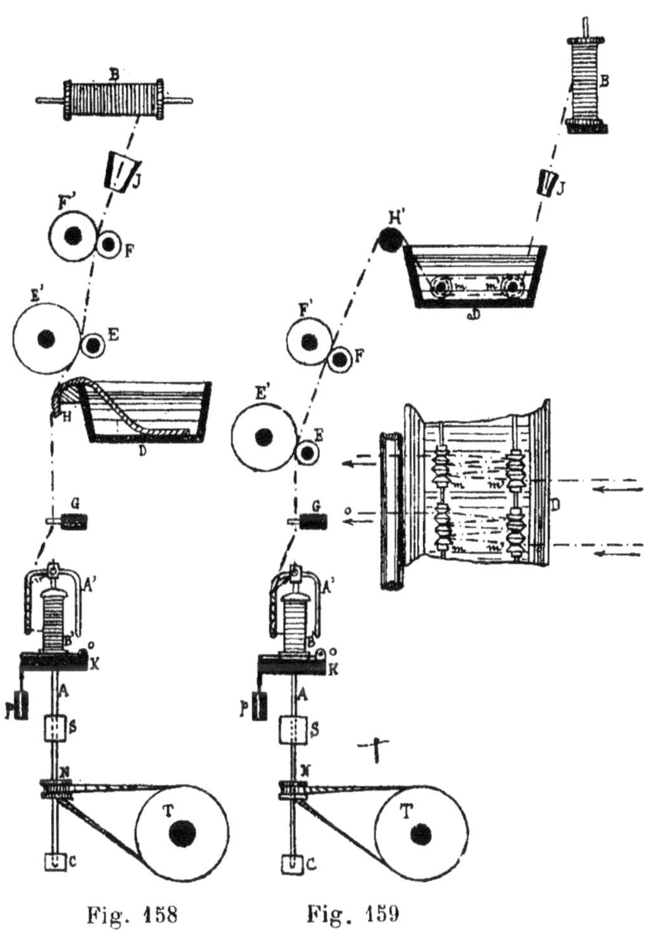

Fig. 158 Fig. 159

pond un appareil spécial (plan de la fig. 159). Les petites poulies m et m' dont l'ensemble forme moufle, tournent librement sur leur axe, afin de ne pas exagérer les frottements.

Ce système n'a qu'un inconvénient, c'est que les appareils ne peuvent être abandonnés à eux-mêmes, qu'ils s'arrêtent souvent, et qu'ils exigent par conséquent la présence d'un surveillant spécial pour limiter les arrêts.

Au point de vue de l'hygiène, ce système présente un intérêt tout particulier, car il ne force plus les ouvriers à séjourner constamment au milieu de la vapeur humide et malsaine des bacs à eau chaude.

Il est à remarquer que le métier à eau froide ne représente pas une catégorie à part de métier à filer; c'est simplement une adjonction au métier ordinaire, dans le but de rendre le fil plus lisse, afin de l'approprier à des usages spéciaux.

Métier à filer à anneaux.

On a vu que les métiers à filer ordinaires pour lin et matières similaires ne permettent pas une vitesse supérieure à 5.000 tours par minute, sans produire de trépidations nuisibles à la régularité du fil.

Dans ces conditions on a cherché à remplacer les ailettes par le système à anneau et curseur appliqué au filage du coton et de la laine. Le dessin fig. 160 représente les éléments d'un tel métier disposé pour filer du lin.

L'appareil étireur est comme d'ordinaire formé des cylindres fournisseurs F et étireurs E. Les broches sont commandées par le tambour T au moyen de cordes ou de sangles, elles portent les bobines B. Un chariot A porte d'autre part les anneaux K de forme circulaire sur lesquels glissent les curseurs tels que C. Le chariot A reçoit un mouvement de monte-et-baisse afin de répartir les tours de fil sur toute la hauteur de la bobine. Les fils en sortant des cylindres E passent dans le guide-fils G puis dans les curseurs C pour se rendre aux bobines :

Lorsque le métier est en fonction la bobine B entraîne

le fil et par suite le curseur C dans lequel il est passé, cependant ce curseur reste en arrière du nombre de

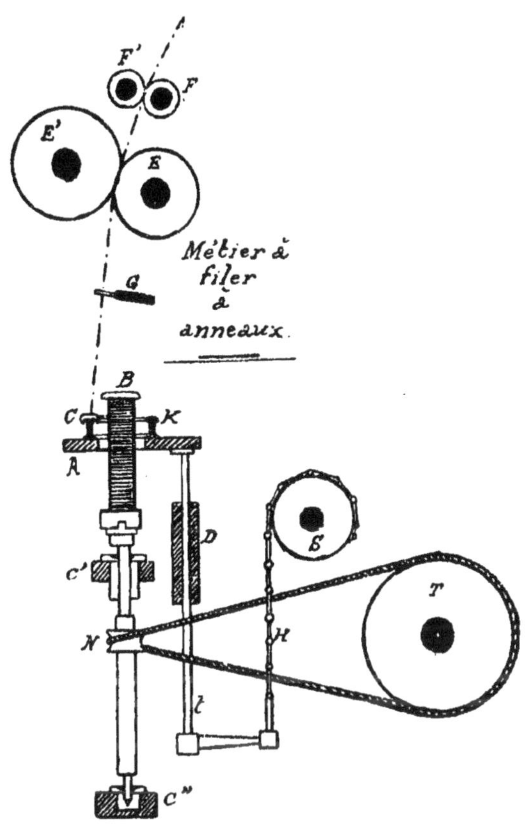

Fig. 160.

tours nécessaires pour enrouler le fil fourni dans le même temps par les cylindres étireurs.

La valeur de la torsion peut s'établir très facilement. Si en effet on désigne par L la longueur de mèche délivrée par le cylindre étireur en une minute et par α le raccourcissement dû à la torsion la longueur de fil à enrouler par minute sera $\frac{L}{\alpha}$. Désignons par V la vitesse des bobines, par v celle des curseurs et par D le diamètre des bobines prise sur le fût. Le nombre de tours que devront faire les bobines pour enrouler le fil produit est donné par le quotient obtenu en divisant la longueur à enrouler par la circonférence de la bobine πD. Le curseur reste de ce nombre de tours en retard sur la bobine et la broche et fait par conséquent en une minute un nombre de tours égal à :

$$v = V - \frac{L}{\alpha \pi D}$$

Le nombre de tours de torsion est précisément égal à la vitesse de curseurs qui sont ici les organes de torsion.

Windsor, avec un continu à anneaux et curseurs, a atteint 5.500 tours. Tout dépend de la disposition de la *crapaudine*, des *collets*, et du *graissage* abondant et continu.

On dit dans certains cas, obtenir 1/6 de production en plus ; les avantages qu'ils présentent sont les suivants :

1° Economie de temps. Les levées se font en effet très rapidement.

2° Economie de force. Les draggs ou cordes à plomb sont en effet supprimées.

3° Filage sur le même métier de numéros variés, en changeant simplement bagues et curseurs.

4° Enfin, en dernier lieu, il y a économie de main-d'œuvre.

On pourrait alors se demander pourquoi ces types de métiers à anneaux et curseurs ne sont pas employés actuellement dans l'industrie de la filature du lin, du chanvre et du jute tandis qu'ils sont depuis longtemps couramment usités dans la filature du coton et de la laine où ils donnent toute satisfaction.

Nous pensons que quand on a fait les premiers essais, c'est-à-dire il y a 20 à 25 ans, les anneaux et les curseurs étaient défectueux et étaient rapidement hors d'usage, mais aujourd'hui que l'on est arrivé à faire des anneaux en acier trempé et rectifié et que d'autre part les curseurs sont également faits en acier trempé les causes d'usure anormales n'ont plus à entrer en ligne de compte et dans ces conditions nous estimons qu'il y aurait grand intérêt à faire de nouveaux essais tout au moins pour les fils secs de numéros moyens car la production à la broche serait plus élevée et la force motrice nécessaire serait moindre que celle des broches à ailettes actuellement employées. Pour notre part nous avons fait monter un métier à anneaux et curseurs pour lin sec chez MM. Ireland, filateurs à Houplines, et ces industriels s'en déclarent très satifaits après deux ans de marche. Le fil produit est un peu plus pelucheux que d'ordinaire mais après le dévidage on ne le distingue pas beaucoup de celui fait sur les broches à ailettes, les curseurs ont une durée normale ; les bobines contiennent 2 fois 1/2 plus de fil que celles faites sur un même métier avec ailettes. Tous ces avantages méritent d'appeler l'attention des industriels.

Appareil de circulation de l'eau dans les bacs de métiers à filer au mouillé.

Nous avons montré que dans les bacs de métiers à filer au mouillé, l'eau est généralement chauffée à l'aide d'un tuyau de vapeur placé dans l'intérieur de ce bac et nous avons fait remarquer que ce système est défectueux, car il ne permet pas de maintenir l'eau à une température régulière et uniforme aux deux extrémités d'un même bac ; il s'en suit, avons nous dit, que les broches d'un même métier produisent des fils inégalement dégarnis de leur matière gommeuse, ces fils sont par suite irréguliers comme force.

Si à cela, nous ajoutons que la vapeur en barbottant dans l'eau du bac au fur et à mesure de son écoulement, a l'inconvénient de remuer les matières gommeuses, la terre et autres impuretés en troublant par conséquent

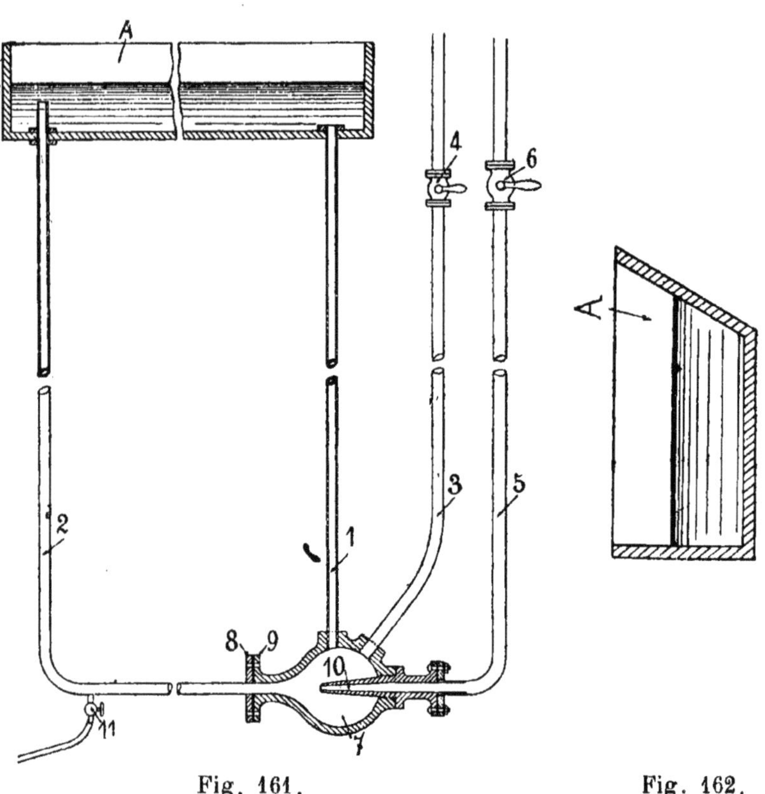

Fig. 161. Fig. 162.

l'eau : on comprendra toute l'importance du procédé de M. Degoix de Lille que nous allons décrire et qui consiste à chauffer les bacs par circulation de l'eau. Ce procédé qui permet de régler à volonté la température de l'eau sans la troubler est applicable au travail des matières textiles végétales diverses : lin, chanvre, jute, étoupes...

tout en réduisant le déchet à son minimum et en produisont des fils réguliers.

Les dessins schématiques fig. 161 et 162 joints à la présente description, à titre de spécimen, permettent de se rendre compte du dispositif employé et de son mode de fonctionnement.

Le dessin fig. 161 représente, en coupe longitudinale, un bac de métier à filer au mouillé et la fig. 162 simule la coupe transversale du même bac. En examinant ces dessins, on peut voir que les deux extrémités du bac A sont mises en communication avec une petite tuyère 7 à tubulures placée au-dessous du bac ; l'extrémité de droite est reliée à la tuyère au moyen du tube 1 et l'extrémité de gauche, à l'aide du tube 2. Ces tubes et la tuyère sont disposés de façon à ne pas gêner les organes du métier à filer et le tout est agencé de façon à pouvoir se monter et se démonter facilement. Le tube 1 qui peut être vissé sur la tuyère, traverse le bac A et aboutit à ras du fond. Le tube 2 qui est monté après la tuyère à l'aide de brides telles que 8 et 9 traverse également le bac A mais aboutit à quelques centimètres au-dessus du fond, il est muni d'un robinet de purge 11. Des écrous placés sur les tubes 1 et 2 forment joint sur le bac A et empêchent toute fuite de se produire. Le tube 5 qui est fixé à l'aide de brides sur le tube conique 10 de la tuyère sert à amener de la vapeur dans le dit organe. Enfin. le tube 3 qui est également fixé sur la tuyère, soit par un taraudage, soit par brides, ainsi que les autres tubes dont il vient d'être question sert à y amener de l'eau froide.

L'entrée de la vapeur est réglée à l'aide d'un robinet 6 et l'arrivée d'eau au moyen du robinet 4, tous deux étant placés à la portée de l'ouvrier chargé de régler la marche de la machine.

Ceci étant établi, il est facile de se rendre compte de la façon dont fonctionne cet appareil ; si en effet, le bac A est préalablement rempli d'eau et que l'on ouvre le robinet 6 (le robinet 4 étant fermé) on conçoit que la vapeur en arrivant par la tubulure conique **10** débouchant dans la tuyère aspire d'une façon continuelle l'eau du bac A par le tube 1 et la refoule dans le dit bac par le tube **2** ; il s'établit ainsi une circulation qui élève la température de l'eau. Quand la température que l'on désire est obtenue d'après ce qu'indique un thermomètre, il suffit de fermer le robinet de vapeur. Si d'autre part l'eau du bac s'épuise on la renouvelle à l'aide du tuyau 3 que règle le robinet 4 et on l'amène à la température voulue à l'aide de vapeur, comme il vient d'être indiqué.

Les impuretés diverses sont évacuées de temps à autre à l'aide du robinet de purge **11** placé à la partie inférieure du tube **2**.

On pourrait évidemment agencer l'appareil afin de faire couler l'eau, en même temps, dans les deux bacs d'un métier, mais ce ne serait toujours que l'une des formes de l'appareil.

Filage à l'eau froide ou douce avec addition de chlorure de zinc.

Le mode de filage à l'eau chaude que nous avons décrit permet de dissoudre plus ou moins complètement la matière gommo-résineuse qui agglutine les fibres élémentaires du lin, ces dernières étant alors isolées et indépendantes peuvent glisser plus facilement les unes sur les autres pendant l'étirage qui se produit ensuite entre les cylindres.

Ce mode de filage, qui est universellement employé, présente malheureusement de nombreux inconvénients que nous allons examiner. Tout d'abord, quand les mèches de matière textile passent dans l'eau du bac, qui est très-chaude, la matière gommo-résineuse ne se dissoud pas d'une manière uniforme sur toute la longueur du bac, parce qu'il est difficile de maintenir toujours régulièrement la température de l'eau à un même degré, il en résulte que les broches d'un même métier produisent des fils inégalement dégarnis de leur matière gommeuse, ces fils sont par suite irréguliers comme force, ce qui est un grand inconvénient.

D'autre part, la consommation de vapeur nécessaire au chauffage des bacs est considérable et entre pour une part importante dans le prix de revient du fil.

Enfin, dans les filatures à eau chaude, l'air est très humide, concentré, chargé de miasmes plus ou moins délétères provenant de la fermentation du lin, du chauffage des bacs à la vapeur, du frottement des corps gras, etc... Cette atmosphère malsaine peut être assainie par une bonne ventilation ; en été rien de plus facile, mais en hiver, un courant d'air froid arrête la décomposition du lin et nuit ainsi à l'opération du filage ; d'un autre côté cet air extérieur forme avec l'air chaud et humide de l'intérieur, une sorte de condensation qui attaque la charpente des bâtiments en même temps qu'il peut provoquer chez les ouvrières légèrement vêtues des refroidissements dangereux.

Si maintenant on examine le procédé de filage à l'eau froide dont nous avons exposé un des types, on est obligé de reconnaître qu'il est peut-être pratique quand on travaille des fils demi-secs ou quand on travaille certains genres de lins pour numéros fins, mais si on veut filer toutes les variétés de lins, dans les divers numéros, que l'on fait actuellement à l'eau chaude, on constate qu'il est absolument inapplicable et ceci pour diverses raisons. En effet, l'opération du dégommage dans l'eau froide ou même simplement tiède, ne se fait que très lentement et exige l'immersion d'une longueur de mèche considérable dans ce bac du métier à filer, il s'en suit de grandes difficultés au point de vue des rattaches et de la conduite du métier. D'autre part, pour obtenir le détrempage convenable de la mèche de préparation indispensable pour fabriquer un fil régulier et sans coupures, il faut que la mèche plonge pendant un temps suffisant dans l'eau du bac et pour cela, il faut ralentir la marche du métier, ce qui conduit fatalement à réduire sa production et à augmenter le prix de revient du fil, tandis que c'est le contraire qu'il faut chercher. D'ailleurs l'expérience a démontré que si ce mode de filage peut à la rigueur être appliqué au filage de certains numéros très-fins, il devient impraticable pour les gros et les moyens numéros.

Ce système de filage présente un intérêt tout particulier au point de vue de l'hygiène puisqu'il supprime complètement les inconvénients du système à l'eau chaude dont nous avons parlé ; malheureusement il n'est applicable que dans les cas particuliers qui viennent d'être énumérés et pour cette raison, il ne peut se substituer au système actuel à l'eau chaude.

Le procédé que nous allons décrire permet au contraire de filer au mouillé avec une très grande facilité, tous les numéros de fils faits en lin, étoupes, chanvre, jute, ramie, sans produire de buées et sans qu'il soit nécessaire de faire des changements aux métiers à filer existants.

Procédé de filage de MM. Heyndricky, Delerue, Dantzer et Mongy.

Ce procédé qui est installé depuis le mois de janvier 1905 dans toute la filature d'étoupes de MM. Heyndrickx et Delerue à Fives-Lille, et qui fonctionne en partie dans d'autres filatures de lin et de jute de la région de Lille où il donne toute satisfaction, consiste tout bonnement à mettre une certaine quantité de chlorure de zinc en dissolution dans l'eau du bac du métier à filer où trempe la mèche de préparation.

L'eau employée est à la température de 25 à 30 degrés centigrades, par conséquent à une température telle qu'il n'y a pas de dégagement de buée et telle que les ouvrières ne sont pas incommodées, on pourrait évidemment employer de l'eau plus froide ayant par exemple 10 à 15° seulement, mais alors, les ouvrières surtout pendant l'hiver, auraient les mains froides et auraient lieu de se plaindre. La proportion de chlorure de zinc que l'on met dans cette eau est très minime et n'excède généralement pas deux à trois grammes par litre d'eau quand le chlorure est anhydre, et quatre à six grammes quand le chlorure est en solution à 45 pour cent. C'est d'ailleurs la pratique qui l'indique exactement.

Le chlorure de zinc dissous dans l'eau a la remarquable propriété de ramollir la matière gommo-résineuse, il agit comme la chaleur quand on file à l'eau chaude ; mais pour que son action soit convenable, c'est-à-dire pour que les fibres textiles soient bien isolées les unes des autres, il faut que la matière textile à l'état de mèche soit complètement traversée par le liquide contenant le chlorure de zinc, et, pour cela, il faut qu'elle circule pendant un temps suffisant dans le dit liquide avant d'arriver dans les cylindres d'étirage. Certaines matières textiles à fibres courtes, comme l'étoupe par exemple, sont suffisamment trempées quand on fait suivre à la mèche son parcours habituel dans le bac. D'autres matières à fibres longues, telles que le lin long, le chanvre, le jute, demandent au contraire, à séjourner plus longtemps dans le bac pour pouvoir être convenablement détrempées et par suite pour pouvoir s'étirer facilement, il est alors nécessaire de leur faire faire un plus long parcours dan le bac, afin que le liquide contenant le chlorure de zin ait le temps de bien pénétrer la mèche et puisse agir con venablement sur la matière gommeuse pour la ramolli et isoler les fibres textiles les unes des autres. Ce résul tat pourrait s'obtenir, en partie, en augmentant les dimen sions habituelles du bac, mais comme ce ne serait pas pra tique, *les inventeurs* du procédé ont eu recours au dispo sitif suivant qui est d'une simplicité extrême et résoud l question d'une façon pratique.

L'appareil employé comporte un galet très léger, de dia

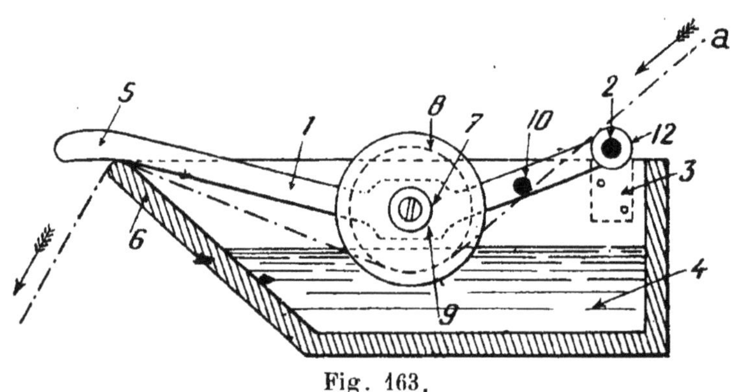

Fig. 163.

mètre assez grand, monté fou sur un levier qu'on peu soulever à volonté. Autour de ce galet à joues qui plong presqu'entièrement dans l'eau du bac du métier à filer on enroule une ou plusieurs fois la mèche de banc-à-bro ches que l'on désire filer.

Le dessin fig. **163** montre clairement la forme d levier, on remarque que pour chaque mèche *a* venant d râtelier du métier à filer, on trouve un appareil absolu ment indépendant qui se compose d'un levier **1** articul sur une tringle métallique **2** fixée à l'aide de supports **3** sur le bac à eau **4**.

Le levier **1** se termine par une poignée **5** qui repose su la partie supérieure 6 de la paroi avant du bac 4. Vers le milieu de la longueur du levier 1 se trouve un renflement 7 après lequel est fixé un galet très léger 8 muni de joues, il tourne librement sur la partie cylindrique d'une vis 9 fixée au levier 1. La forme de l'ensemble du système est telle que le galet plonge suffisamment dans l'eau du bac 4.

Un doigt 10 ou une petite fourche solidaire du levier 1 assure le guidage convenable de la mèche *a* sur le galet 8 pendant le travail.

Les divers galets 8 sont maintenus à écartement à l'aide de bagues 11 que l'on place sur l'arbre 2 entre les têtes 12 des leviers 1 qui leur correspondent. Ces bagues peuvent donc se changer à volonté et permettent d'éloigner les galets à volonté.

Ceci étant établi, on conçoit aisément qu'en faisant passer la mèche *a* sous le doigt 10 de l'appareil et en lui faisant faire ensuite plusieurs tours sur le galet 8 avant de le sortir du bac à eau 4 on imbibe aussi complètement qu'on le veut, et petit à petit, la mèche de préparation et ceci sans aucune fatigue pour cette dernière, ce que ne peuvent faire aucun des systèmes employés jusqu'à ce jour.

Avantages de ce nouveau procédé.

Ce procédé de filage présente de nombreux avantages qui peuvent se résumer de la façon suivante·

1° Il permet de supprimer la vapeur qui est actuellement nécessaire pour le dégommage des matières textiles se filant habituellement au mouillé, par suite, tous les frais et inconvénients qu'entraîne ce mode de filage, sont radicalement évités. Ceci se traduit par une économie considérable de combustible que l'on peut estimer à environ un franc par broche et par an, et par l'assainissement des ateliers de filature au mouillé, puisqu'il n'y a plus de buée.

2° Le matériel et surtout les bâtiments, ne sont plus exposés à se détériorer aussi rapidement.

3° Le fil produit est plus régulier et plus résistant, puisque la matière gommo-résineuse est attaquée d'une façon uniforme.

4° Ce procédé permet de filer le jute au mouillé aussi facilement que les autres textiles, tout en donnant des fils plus beaux et plus réguliers qu'au sec, il permet en même temps d'obtenir des numéros plus fins, ce résultat n'avait jamais été obtenu jusqu'à ce jour d'une façon pratique.

5° Le déchet produit au métier à filer est considérablement diminué, attendu que les ouvrières font très facilement les rattaches des mèches cassées sans avoir besoin de croiser une mèche cassée sur une autre non cassée pour la faire passer dans le bac comme on le fait d'ordinaire.

6° On peut très facilement filer au sec et au mouillé dans une même salle, on n'a donc pas besoin de bâtiments spécialement construits et on peut éviter l'emploi des appareils humidificateurs.

7° Le chlorure de zinc étant un produit antiseptique et désinfectant, d'un usage quotidien en hygiène et dans les hôpitaux, son emploi ne peut présenter aucun danger pour la santé de ceux qui en font usage, d'autant plus qu'on l'emploie toujours en filature à dose infinitésimale.

Essais des fils filés au chlorure de zinc.

Afin de montrer que les fils filés au chlorure de zinc dissoud dans l'eau sont plus réguliers que ceux filés à l'eau chaude, on a effectué de nombreux essais dont nous publions ci-dessous une série.

Une filature, dont nous tairons le nom, a filé à l'eau chaude, toute une gamme de numéros de fils, qui ont été éprouvés au dyanomètre, on a fait cent essais sur chaque fil afin d'avoir des résultats plus précis.

Une autre filature a filé au chlorure de zinc dissoud dans l'eau, les mêmes numéros de fils que ci-dessus, et a employé à cet effet les mêmes mèches qui ont servi au premier filateur, enfin, cent essais dynamométriques ont été faits par le même expérimentateur que ci-dessus, sur chaque numéro de fil. Les résultats comparatifs obtenus et mentionnés au tableau suivant, montrent d'une façon indiscutable que l'avantage revient au filage à l'aide du chlorure de zinc, les fils obtenus par ce procédé, ont moins de coupures et sont donc plus réguliers.

Fils filés à l'eau chaude.

Numéros	50	roui à	l'eau	30	0/0 de coupures.
»	50	»	terre	22	»
»	40	»	l'eau	30	»
»	40	»	terre	20	»
»	35	»	»	14	»
»	30	»	»	12	»
»	30	»	l'eau	20	»
»	25	étoupes		10	»
»	20	»		20	»
»	16	»		14	»

Fils filés à l'aide du chlorure de zinc.

Numéros	50	roui à	l'eau	12	0/0 de coupures.
»	50	»	terre	12	»

Numéros	40	roui à l'eau	5 0/0	de coupures
»	40	» terre	13	»
»	35	» »	5	»
»	30	» »	0	»
»	30	» l'eau	5	»
»	25	étoupes	6	»
»	20	»	8	»
»	16	»	12	»

Nota. — Nous entendons par coupures, les fines places où le fil casse sans avoir la force moyenne donnée par les cent fils éprouvés.

Remarque. — Les essais qui viennent d'être mentionnés ont été faits sur des fils filés au chlorure de zinc dans des bacs qui ne portaient pas de leviers à roulettes, comme ceux qui ont été décrits plus haut, pour la raison bien simple que ces leviers n'ont été inventés que plus tard. A l'heure actuelle, il ne se produit plus aucune coupure du fait du filage, et les coupures que l'on trouve aujourd'hui proviennent uniquement des mèches de préparation.

D'autre part, afin de montrer que les fils obtenus par le filage au chlorure de zinc dissoud dans l'eau, sont plus résistants que ceux filés à l'eau chaude on a également fait un grand nombre d'essais comparatifs sur des fils de différentes natures.

Ainsi, par exemple, du fil d'étoupes n° 25 filé à l'eau chaude, a donné pour 50 essais une résistance moyenne de 706 grammes.

Le même fil d'étoupes n° 25 filé à l'aide du chlorure de zinc dissoud dans l'eau et éprouvé dans les mêmes conditions, a donné une résistance moyenne de 878 grammes.

De même, un fil de chanvre n° 16, filé à l'eau chaude, a donné une résistance moyenne de 1 k. 456, tandis que filé au chlorure de zinc, il a donné une résistance moyenne de 1 k. 672.

Enfin des essais effectués sur des fils de jute mixte n° 25 fixés à l'aide du chlorure de zinc dissoud dans l'eau, ont donné une résistance moyenne de 745 grammes, malheureusement comme ce numéro de fil ne se file pas au mouillé d'ordinaire et encore moins à sec, il a été impossible de faire un essai comparatif. D'ailleurs. ce dernier chiffre n'est donné ici qu'à titre d'indication, et afin de montrer qu'il est absolument possible de faire des fils de jute mouillé, que l'on pourrait employer avec avantage dans l'industrie.

Appareil permettant de régler la température de l'eau des bacs de métiers à filer au mouillé par James Strangman.

M. Strangman propose de remplacer l'auge en bois que l'on emploie habituellement dans les métiers à filer au mouillé par une auge métallique en cuivre, en aluminium, en nickel ou autre alliage. L'eau contenue dans cette auge est chauffée par des brûleurs à gaz placés au-dessous et que l'on peut régler à volonté, suivant la température de l'eau que l'on désire.

Le dessin fig. 164 représente une coupe transversale de ce bac, *a* est l'auge métallique proprement dite, *b* les brûleurs à gaz, *c* le tuyau d'arrivée du gaz et *d* l'entrée d'air nécessaire au mélange. Comme on le remarque, le fond du bac est chauffé directement par les flammes des brûleurs à mélange d'air et gaz.

Mais comme ce dispositif nécessite le remplacement de tous les bacs existants et l'installation des tuyauteries de gaz, il est évident que l'application en est très onéreuse, aussi le même inventeur propose un autre dispositif plus simple qui permet de conserver les bacs existants tout en

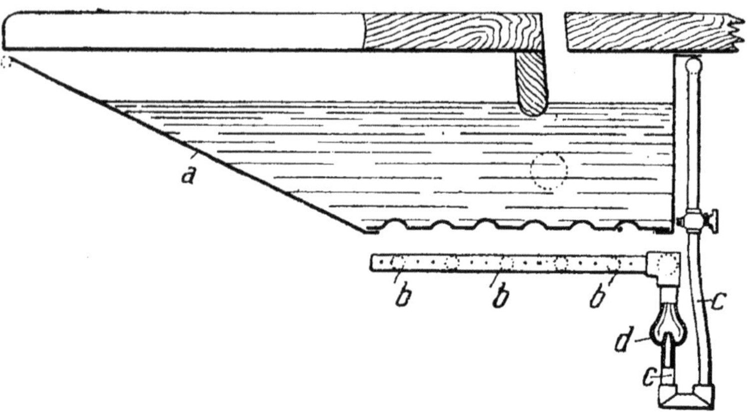

Fig. 164.

réduisant le prix de l'installation. A cet effet ainsi que

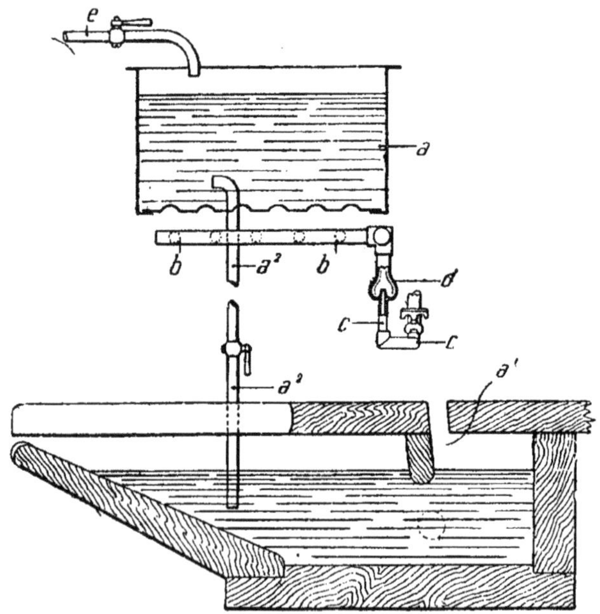

Fig. 165.

l'indique la fig. 165, il dispose un bac métallique *a* de

dimensions convenables au-dessus de chaque bac de métier à filer, le liquide froid y est amené par un tuyau *e*. Le chauffage de l'eau se fait comme dans le dispositif qui vient d'être décrit, c'est-à-dire à l'aide des brûleurs *b*, le gaz arrive alors par le tuyau *c* et l'air nécessaire au mélange entre par la tuyère *d*.

L'eau chaude est amenée dans l'auge a_1, au fur et à mesure des besoins par le tuyau a_2 muni à cet effet d'un

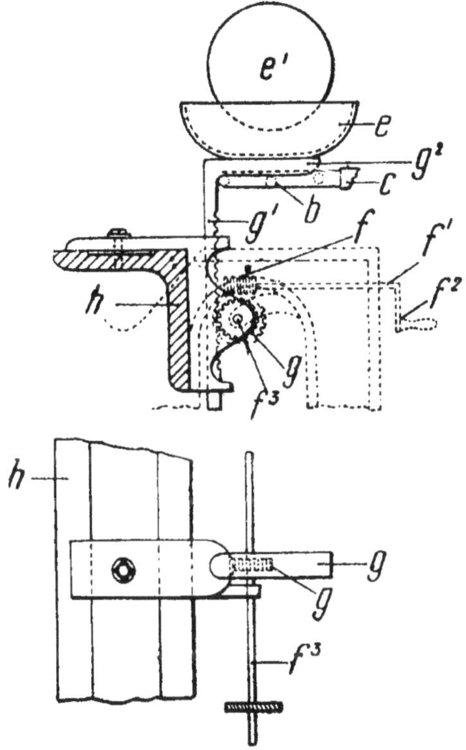

Fig. 166 167.

robinet à clef. Ce procédé de chauffage à notre avis ne doit pas être économique, il exige en effet une forte dépense de gaz qui augmente le prix de revient du fil et d'autre part, il nécessite un appareil de chauffage pour chaque bac de métier à filer ce qui occasionne une grande dépense d'installation et d'entretien.

Les dessins fig. 166-167-168, montrent enfin un dispo-

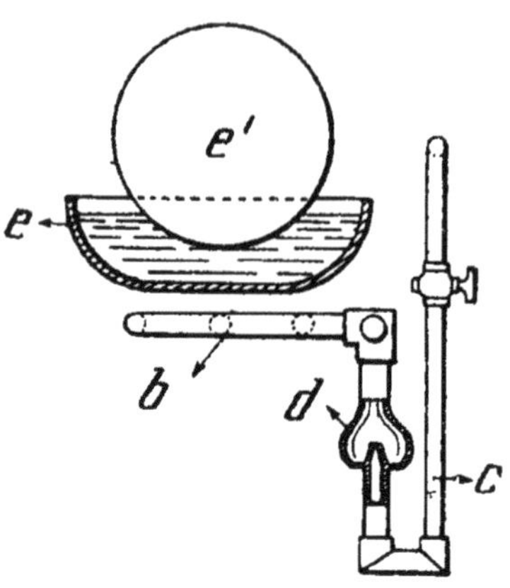

Fig. 168.

sitif au sec ou demi-sec, qui permet de chauffer l'eau contenue dans une petite auge métallique *e*, dans laquelle

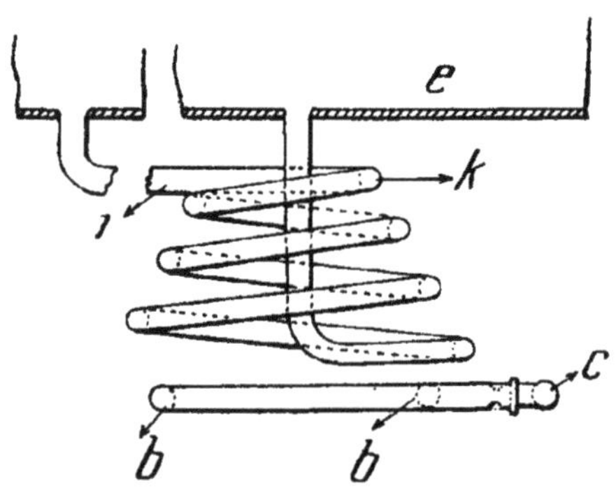

Fig. 169.

plonge un cylindre humecteur e_1. En dessous de ce bac, se trouve toujours le même système de chauffage par mélange de gaz et d'air, *c* étant le tuyau de gaz, *d* la tuyère à air, et *b* les brûleurs. Un mécanisme permet enfin de soulever plus ou moins l'auge *e* afin de faire plonger plus ou moins le cylindre humecteur e_1 dans le liquide de l'auge *e*.

Enfin la fig. 169 montre que l'on peut parfaitement placer des serpentins K en-dessous des bacs à eau, le liquide chauffé par la rampe à gaz s'échauffe par circulation.

Procédé permettant d'adoucir et régulariser les fils de lin, de chanvre, etc., pendant le filage.

De nombreux procédés ont jusqu'à ce jour été proposés par les inventeurs pour faciliter le filage des textiles végétaux tels que le lin, l'étoupe, le chanvre, etc., et augmenter la régularité et la douceur des fils, malheureusement, soit par suite de leur prix, soit par suite de leur difficulté d'application, ils sont pour la plupart restés inconnus. Nous nous proposons cependant d'exposer l'un d'entre eux qui nous paraît intéressant et qui peut suggérer quelques idées aux chercheurs.

Ce procédé dû à Strangman, consiste à faire passer le fil à travers une dissolution savonneuse, le savon étant de préférence fait avec des huiles végétales (huile d'olive, de palmier, noix de coco). Une solution convenable est faite par 8 onces d'un tel savon et un gallon d'eau chaude (1 gallon = 4 litres 534 et 1 once = 28 grammes 34).

Il met la dite solution dans l'auge du métier à filer et la chauffe à une température convenable en se servant à cet effet des tuyaux de vapeur habituels ou du gaz par le procédé qui a été décrit, il ajoute ensuite de l'alcali en excès dans le savon afin d'émulsionner les huiles végétales, mais comme cet excès d'alcali a l'inconvénient d'agir d'une façon trop énergique sur les matières gommeuses contenues dans la matière textile il neutralise cet

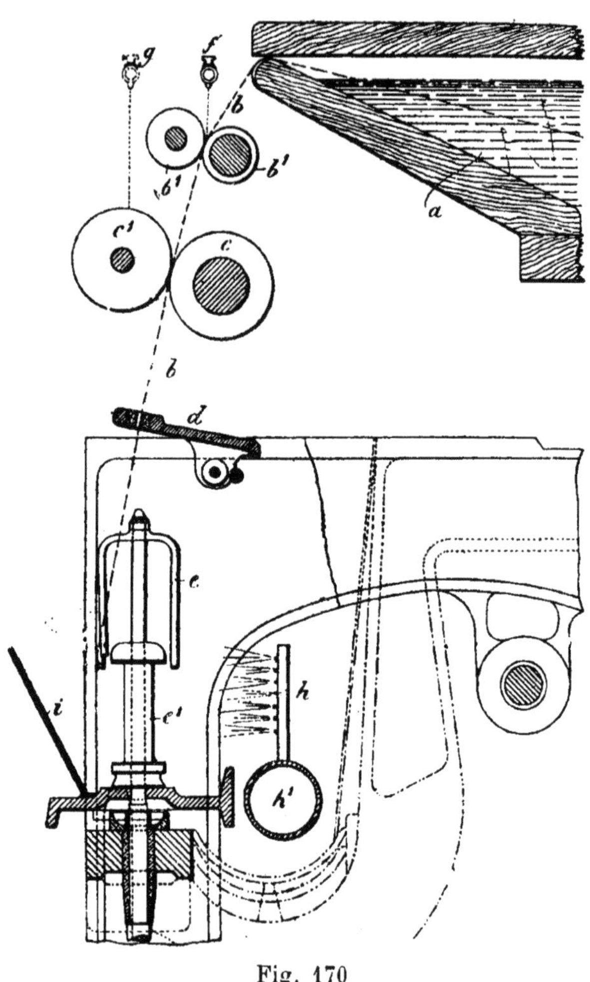

Fig. 170

excès d'alcali au moyen d'un jet d'une solution diluée d'acide acétique qu'il lance sur la mèche dès sa sortie de l'auge, ou au cylindre étireur, comme nous allons le voir.

Une bonne solution se fait par une livre d'acide acétique commercial dans 4 gallons d'eau à la température de 80 degrés Fahrenheit.

Le dessin fig. 170 montre la coupe d'un métier à filer au mouillé muni des tubes à jets, dans lequel *a* est l'auge ordinaire contenant la solution savonneuse ; *b* est la mèche de matière textile qui passe entre les cylindres fournisseurs b^1 et les étireurs *c* et c^1 ; le fil formé passe de là dans le guide *d* et se rend sur la bobine e^1 en passant au préalable dans l'ailette *e*.

f est un tube à petits trous amenant l'acide acétique

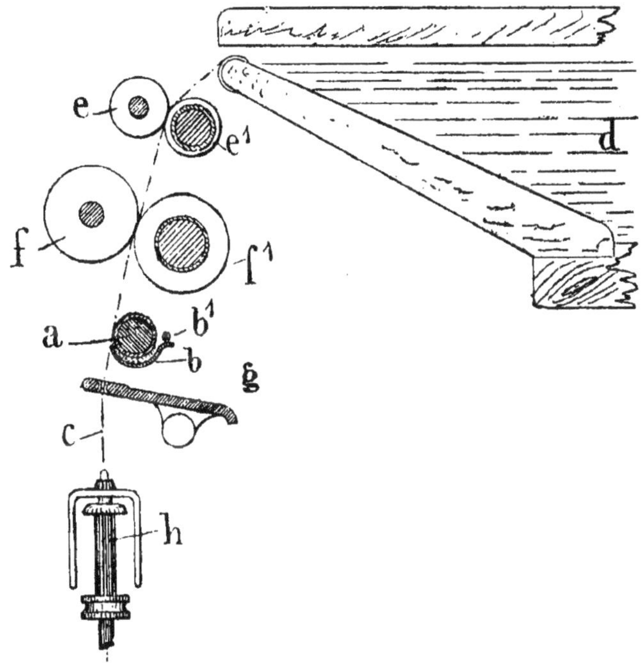

Fig. 171

dilué sous forme de gouttes qui tombent sur la mèche *b* juste au point de contact des cylindres fournisseurs b_1.

g est un tube semblable à *f* qui permettrait de faire

tomber goutte à goutte l'acide dilué sur le cylindre presseur c_1 de l'étireur au lieu de le faire goutter sur les fournisseurs.

Enfin pour neutraliser l'excès d'alcali, d'huile ou d'acide qui peuvent rester dans la matière filée et qui auraient un effet destructif sur elle, on lave la dite matière au fur et à mesure de son enroulement sur la bobine e_1 en se servant à cet effet, d'un jet de vapeur, d'eau ou de tout autre liquide convenable sortant à une pression suffisante du tube *h* fixé sur la conduite h_1, cette conduite pouvant être mobile pour suivre le mouvement du fil si on le désire.

Le dessin fig. 171 est un autre dispositif du même inventeur servant à appliquer une solution alcaline ou autre sur les matières à filer afin d'adoucir le fil. Cette solution s'applique pendant que la torsion se donne ; on se sert à cet effet d'un cylindre *a* recouvert de drap ou de feutre qui plonge en partie dans une auge *b*.

Ce dernier dispositif est connu depuis longtemps et se trouve même appliqué dans les filatures qui font le demi-sec. Le premier dispositif est au contraire moins connu, cependant beaucoup de filatures anglaises pour certains genres de fils utilisent ce système dit *à gouttes d'eau* pour ramollir la matière gommeuse, ils ne font plus alors passer les mèches dans un bac à eau.

Filage du lin et de l'étoupe sur métier à filer revideur (Système *Arthur Guillemaud*).

Il nous a été donné d'assister à la mise en œuvre d'un nouveau procédé de filage du lin chez M. A. Guillemaud, *filateur à Loos* ; nous avons pu voir fonctionner un métier renvideur de 500 broches, filant au mouillé, et nous nous faisons un plaisir de relater les intéressantes constatations que nous avons pu faire.

Partant de ce principe que pour produire des fils de même numéro, en matières textiles diverses, on constate, toutes choses égales d'ailleurs, que c'est la filature du *lin* qui exige la plus forte dépense ; celle-ci est presque *triple* de ce que demandent les autres textiles.

Cette différence marquée provient du *poids*, de la complication, de la robustesse des machines travaillant le *lin* ; la *force motrice* qu'elles exigent est relativement élevée, et un *personnel* nombreux doit en assurer le fonctionnement.

Ainsi pour *1.000 broches de lin*, l'assortiment exige en moyenne :

Pour les Gros Numéros : 45 à 60 ouvriers
» Numéros Moyens : 30 à 35 »
» Numéros Fins : 20 à 25 »

Pour la filature du Coton, le même nombre de broches nécessite :

Pour les Gros Numéros : 6 ouvriers.
» les Numéros fins : 10 ouvriers.

La Laine, dans des conditions analogues, exige un personnel de 10 à 12 ouvriers.

Frappé de ces différences si désavantageuses pour le Lin, M. A. Guillemaud a cherché à réduire le plus possible la main-d'œuvre en filature ; il a fait appel au *renvideur* qu'il a substitué au continu à ailettes ; il a, en quelque sorte, *combiné*, fusionné ces deux métiers si différents : le porte-système du renvideur reçoit tout le système habituel d'étirage emprunté au continu, soit au sec, soit au mouillé. Nous avons pu voir fonctionner dans son établissement un renvideur de son invention, filant au mouillé ; la matière traitée était de l'Etoupe, accusant le N° 35.

Le renvideur de 500 broches produit une aiguillée de 1 m. 82 : on note 5 aiguillées à la minute, ce qui représente une longueur de

$$1,82 \times 5 = 9 \text{ m. } 10$$

par broche et par minute.

En 1 heure, cette broche du renvideur produit donc

$$9,10 \times 60 = 546 \text{ mètres.}$$

On doit admettre, d'autre part, une déduction de 5 0/0 pour le temps perdu par suite de démontages et d'arrêts divers ; la journée effective ressort donc à 9 h. 1/2.

La production journalière par broche s'élève donc à $546 \times 9,5 = 5.187$ mètres ; 100 broches produisent donc

$$5.187 \times 100 = 518.700 \text{ mètres.}$$

Le paquet représentant 329.000 mètres, la production de ces 100 broches correspond à 1 paquet 600 par jour.

Il est certain qu'un *fileur* et 3 *rattacheurs* dont un de *chaîne* peuvent assurer la marche normale de deux métiers de 500 broches, soit 1.000 broches.

Ces 1.000 broches fourniront journellement une production de $1,6 \times 10 = 16$ paquets.

Déterminons le prix de revient de la main-d'œuvre dans ces conditions.

Le salaire journalier se résume comme suit :

1 fileur	6	francs
1 rattacheur de chaîne. . .	4	»
2 rattacheurs ordinaires . .	7	»
Ensemble. . . .	17	»

Le prix de revient de la *façon* au paquet est donc : 17 francs : 16 = 1 fr. 10.

Or, le prix de revient de la *filature ordinaire* ressort à environ *3 francs*.

Ces chiffres ont leur éloquence et montrent que le prix de revient de la *façon est abaissé* de **63,33 0/0**.

A ce point de vue, M. Guillemaud a donc atteint le but qu'il cherchait, et dont l'importance ne saurait échapper.

Nous avons encore constaté que les fils produits ainsi sur *renvideur* sont *plus ronds* que ceux fabriqués sur *continus* ; le *grain* de ce fil est *plus régulier* et les toiles tissées avec seront conséquemment mieux *remplies* : ceci n'a rien qui doive surprendre, étant donné la *supériorité du renvideur* sur le *continu* qui présente encore tant de causes de variations dans la *torsion* et dans la *régularité* du filage.

A ce propos, nous ne saurions mieux faire que de citer les essais de fils ainsi fabriqués, auxquels nous avons fait procéder.

Nous avons expérimenté, au *Laboratoire de l'Ecole nationale professionnelle d'Armentières*, un fil d'étoupes, de numéro 35, produit sur le renvideur de lin de M. Guillemaud.

Le dynamomètre utilisé éprouvait une longueur de base de 50 cent. : les **10** essais effectués sont consignés ci-après :

Numéros de l'essai	Résistance en grammes	Allongement total en centimètres
1	740	12
2	860	8
3	800	14
4	660	10
5	660	10
6	780	12
7	800	12
8	860	13
9	860	13
10	660	10

La *résistance moyenne* ressort donc pour ce fil à *768 grammes*. *L'allongement moyen* qui est ici de 11 centimètres, 4 pour 50 centimètres éprouvés, ressort donc à

$$11{,}4 \times 2 = 22 \text{ centimètres } 8$$

pour une longueur initiale de 1 mètre, c'est donc un allongement de 22,4 0/0.

Ces 10 essais démontrent combien le fil expérimenté est *homogène* ; ses charges de *ruptures* et ses *allongements* sont presque *constants*, indice d'une *très grande régularité*. Ces résultats sont tout à l'avantage de ce procédé dontl 'usage paraît devoir se généraliser.

Nous nous réservons, d'examiner en temps opportun la question de dépenses inhérentes au présent procédé, du fait du matériel adopté et de la force motrice absorbée.

Pour l'instant, nous terminerons en constatant que le procédé Guillemaud présente un réel intérêt aux titres suivants :

1° *Le prix de revient* de la *façon au paquet* est abaissé de 3 fr. à 1 fr. 10 c'est-à-dire subit une réduction remarquable de 63,33 0/0 ;

2° Le fil produit est *plus rond* ; d'un *aspect* et d'un *grain* plus *homogène* que ceux produits habituellement sur continus à ailettes ;

3° Ce fil, enfin, offre une très grande *constance* dans ses caractéristiques : ses charges de ruptures et ses *allongements* sont à peu près *comparables* en tous points ; ceci indique une grande *homogénéité* et une *régularité* presque parfaite du dit fil.

Telles sont les constatations que nous avons pu faire dernièrement et que nous sommes heureux de signaler.

Le dessin fig. 172 représente à titre d'indication le schéma du métier à filer au sec de M. A. Guillemand qu'il nous paraît intéressant de mentionner dans le cadre de ce travail.

Comme on le voit les cylindres cannelés **1** et **2** sont les alimentaires ou fournisseurs d'un métier au sec ; la

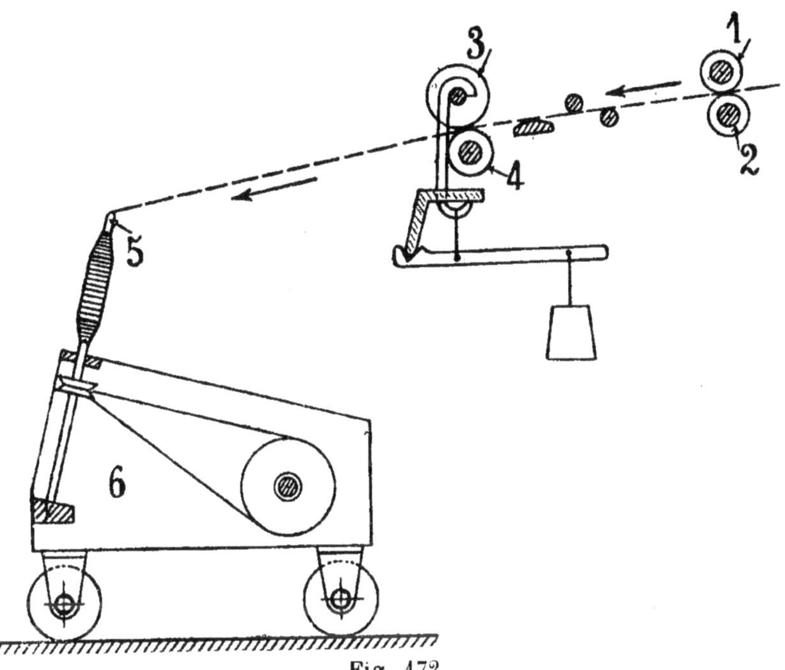

Fig. 172.

mèche passe comme d'habitude sur des guides polis et se rend entre les étireurs 3 et 4 ; ceux-ci peuvent être cannelés, ou encore le cylindre inférieur 4 peut être en bois dur. En un mot l'ensemble de ces cylindres provient du métier habituel à filer le lin au sec ; la mèche circulant entre ces cylindres peut être placée horizontalement ou affecter une certaine inclinaison, comme cela a été représenté.

Le fil se rend ensuite sur le sommet 5 de la broche montée sur le chariot 6 du renvideur pour recevoir sa torsion et se renvider.

Le dessin fig. 173 représente le schéma du métier à filer au mouillé.

La mèche 7 circule, comme dans les métiers au mouillé ordinaires, dans un bac à eau 8 passe sous une tringle 9 et s'engage entre les cylindres d'étirage en cuivre 10 et 11, enfin elle se rend sur la broche 12 du métier à filer ren-

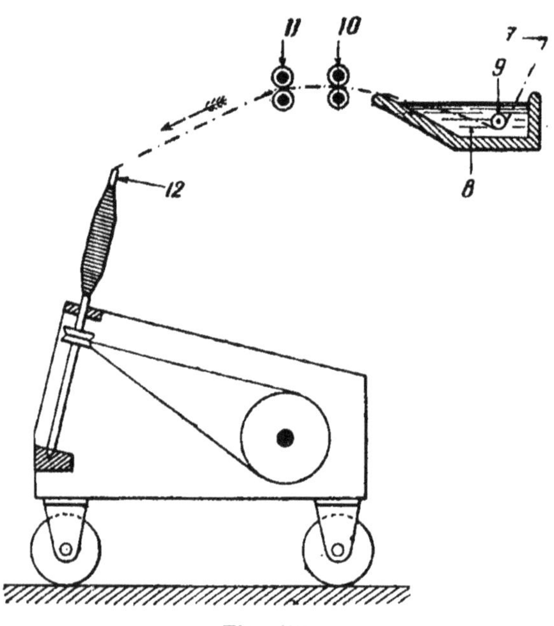

Fig. 173.

videur comme il a été indiqué ci-dessus, afin de recevoir sa torsion et de se renvider. On applique donc ici sur le renvideur le système d'étirage habituellement employé dans les métiers à filer au mouillé et avec les mêmes pressions. Les cylindres 10 et 11 sont alors plus ou moins éloignés l'un de l'autre, suivant la longueur de matière que l'on travaille.

Cannelage des cylindres de métier à filer au mouillé.

Le cannelage des cylindres se fait au moyen d'une

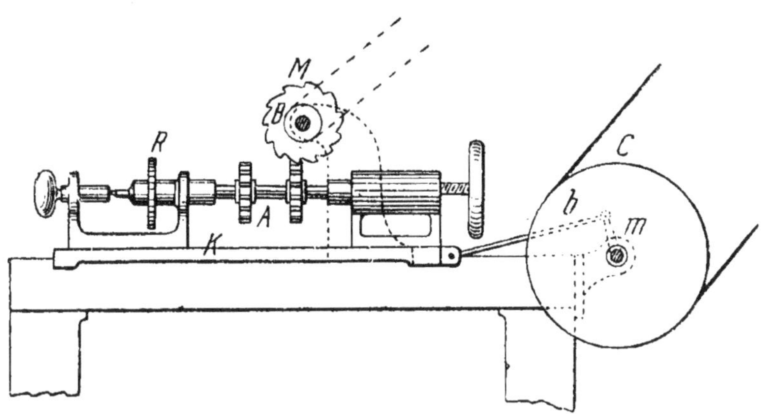

Fig. 174.

machine à canneler dont le principe est indiqué fig. **174**. Le rouleau à canneler placé en A doit être placé bien horizontalement. La molette M taillée de façon à tracer des cannelures tourne continuellement mue par une petite poulie à gorge B pendant que le rouleau va et vient par dessous entraîné, avec tout l'appareil K qui le porte, par la poulie C et le système par bielle *b* et manivelle *m*. Sur l'arrière, cet appareil porte un rochet R dont les dents sont poussées ou maintenues par un cliquet S visible sur la fig. **174** *bis*. Chaque fois que le chariot K revient sur la gauche d'après notre dessin, la pièce qui porte le cli-

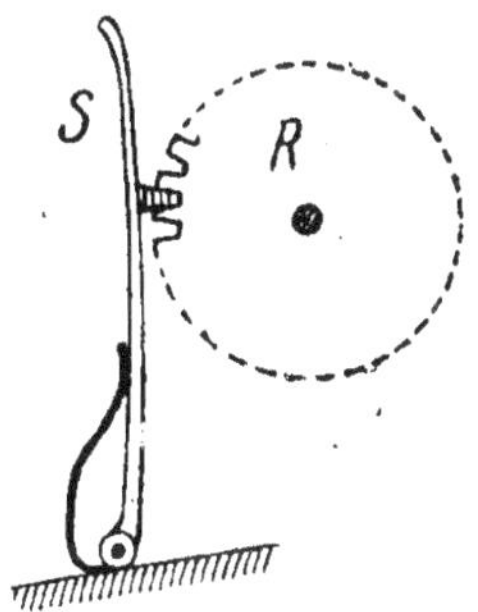

Fig. 174 *bis*.

quet butte contre une autre pièce fixe à plan incliné qui fait agir le cliquet sur le rochet de façon à le faire avancer d'une dent. Alors le rouleau A tourne aussi avec le

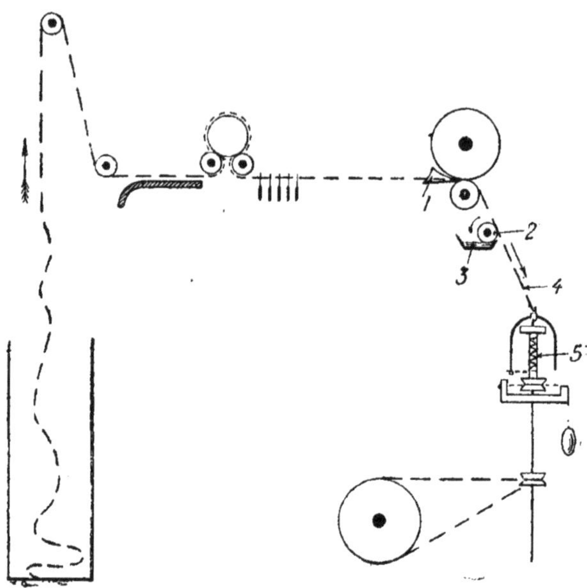

Fig. 175.

rochet mais seulement de la valeur d'une cannelure. C'est ainsi que la molette taille par intervalles successifs et réguliers toute la circonférence du rouleau.

Il faut que les cannelures tracées par la molette remplissent parfaitement toute la circonférence du rouleau.

Banc fileur.

Le banc fileur fig. 175 qui est très employé aujourd'hui pour le filage du lin et de l'étoupe jusqu'au n° 16 n'est autre chose qu'un banc à broches muni de broches à ailettes semblables à celles des métiers à filer. Le mouvement différentiel et les cônes habituels des bancs

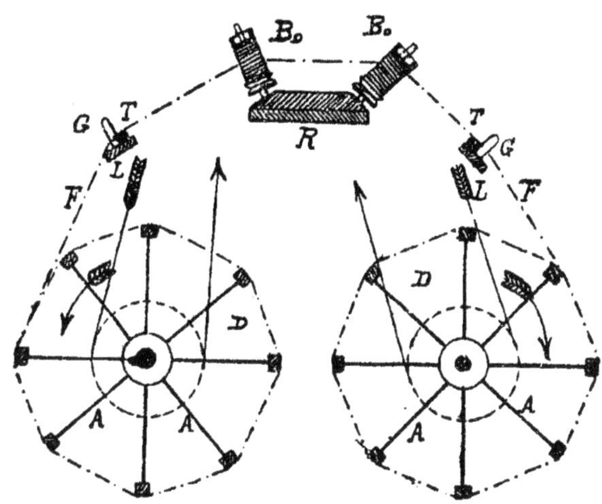

Fig. 176.

à broches sont donc supprimés. Le fil est terminé en sortant de cette machine et il est formé d'une façon éco-

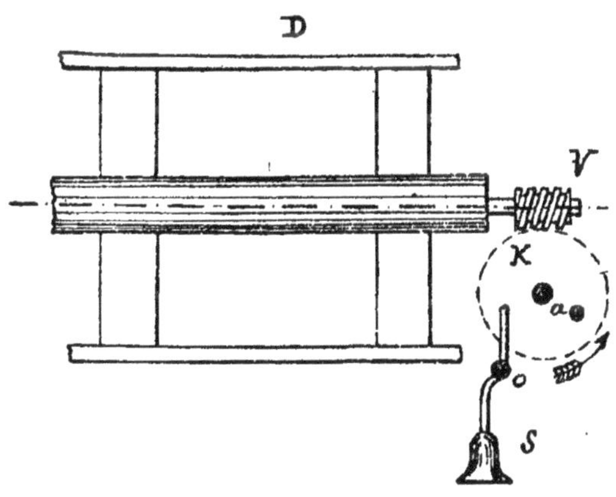

Fig. 177.

nomique puisque au lieu d'avoir comme d'ordinaire un banc à broches et un métier à filer les deux opérations se font sur une seule et même machine.

Ces bancs fileurs sont munis de conduits spéciaux 1 en bronze et portent souvent un rouleau 2 qui tourne lentement dans un bac à eau 3 afin d'humidifier le fil 4 avant son renvidage sur la bobine 5 pour le lisser.

Opérations accessoires de la filature.

1° Dévidage.

Le *dévidage* est une opération qui consiste à dévider le fil contenu sur les bobines provenant de la filature afin de le disposer sous forme d'écheveaux, ce qui permet de le manier plus facilement et d'en distinguer les sortes.

Il est indispensable que le dévidage soit fait, autrement les manutentions commerciales du fil seraient très onéreuses et fort mal commodes. Si le fil se vendait, par exemple, en bobines ; d'abord il faudrait que les filateurs aient un nombre considérable de bobinots et d'autre part, dans les transactions commerciales, on manipule-

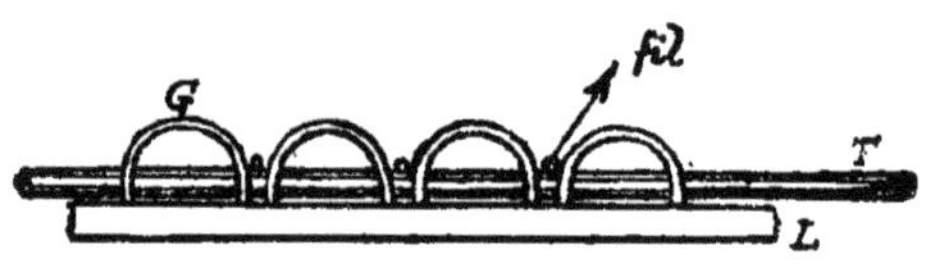

Fig. 178.

rait un poids énorme inutilement, ce qui incontestablement augmenterait le prix du fil.

Cette opération se fait au moyen d'appareils dits *dévidoirs*.

Le dévidoir représenté schématiquement figures 176 et 177 est double.

Le fil venant des bobines de filature B*o* disposées sur le râtelier R en se dévidant passe sur une tringle ronde T, puis entre de petites arcades G en fil de cuivre (fig. **178**). La tringle et les arcades sont solidaires du support L de guide-fils ; L est animé d'un mouvement de va-et-vient dans le sens de sa longueur. Le fil vient ensuite s'enrouler sur les volants D du dévidoir. Ces volants ont **8** bras maintenus par autant de traverses A. L'un de ces bras **A** peut facilement se rabattre grâce à sa traverse ; ceci afin de permettre un facile enlèvement des écheveaux.

Une vis V, calée sur l'arbre du volant, engrène avec un

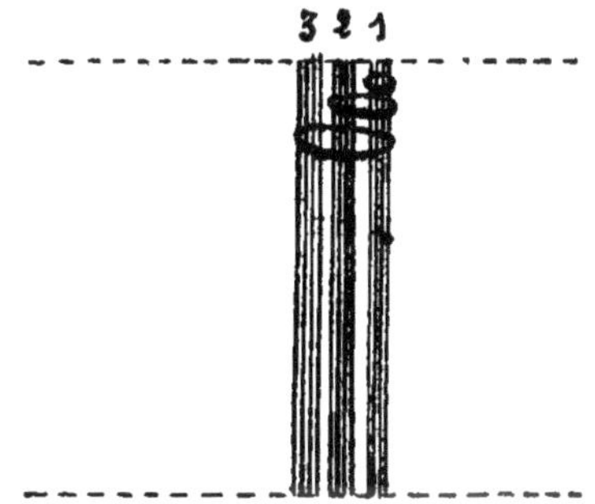

Fig. 179.

pignon K de **120** dents. Ce dernier porte un taquet *a*, qui, à chaque tour vient mettre en mouvement une sonnette S.

Le périmètre du volant est de **2** yards **1/2** ou **2** m. **29**; on le fait égal à **2** m. **32** pour donner la bonne mesure comme on dit dans le commerce.

Pour enrouler une échevette, il faut que le volant fasse :

$$2,5 \times 120 = 300 \text{ yards.}$$

Le compteur avertit quand cette longueur est obtenue. L'échevette formée, l'ouvrière la noue avec un fil de *pienne* ; elle fait ensuite avancer le guide-fils d'un cran de la crémaillère qui l'actionne ; la 2e échevette se forme à côté de la 1re ; elle la noue à la 1re ; puis elle noue la 3e aux deux premières, et ainsi de suite. Elle continue ainsi jusqu'à la 12e qu'elle maintient à l'aide du nœud de tisserand (fig. 179).

A ce moment, elle a obtenu un écheveau qu'elle lie fortement pour le lin sec, et moins fort pour le lin mouillé, afin qu'il puisse se sécher à cet endroit.

Chaque dévidoir possédant 25 volants forme donc à la fois 25 écheveaux, et comme il faut 100 écheveaux pour tout numéro de fil, il faut donc 4 dévidoirs pour faire un paquet complet (1 paquet = 100 écheveaux = 1200 échevettes).

Ainsi que nous l'avons vu, les écheveaux s'enlèvent avec facilité.

Les dévidoirs pour fils de lin marchent *à la main* ou *mécaniquement*.

Dans les dévidoirs à la main, l'ouvrière se contente de donner de temps en temps une légère impulsion aux bras, et fait ainsi tourner leur axe, c'est-à-dire celui du volant sur ses coussinets extrêmes.

Elle arrête les volants à la main, lorsqu'un fil est cassé, et quand les rattaches sont terminées, elle les fait marcher à nouveau.

Les dévidoirs mécaniques sont de deux genres :

1° Les dévidoirs *à friction*.

2° Les dévidoirs *à engrenages*.

Ces appareils mécaniques ont l'avantage de donner une production plus grande que les dévidoirs à la main, malheureusement ils ne sont pas applicables au dévidage de tous les genres de fils. Les fils de qualité ordinaire, les fils de trame en particulier ne peuvent se dévider mécaniquement. Les fils de chaîne généralement résistants peuvent au contraire se dévider automatiquement avec avantage.

Les *dévidoirs à friction* sont caractérisés ainsi que leur nom l'indique par une commande à friction (fig. 180), c'est-à-dire que la poulie de commande située sur l'arbre M perpendiculaire à l'axe du volant entraîne le galet G d'un mouvement de rotation continu et ce dernier commande un plateau de friction P calé sur l'arbre du volant.

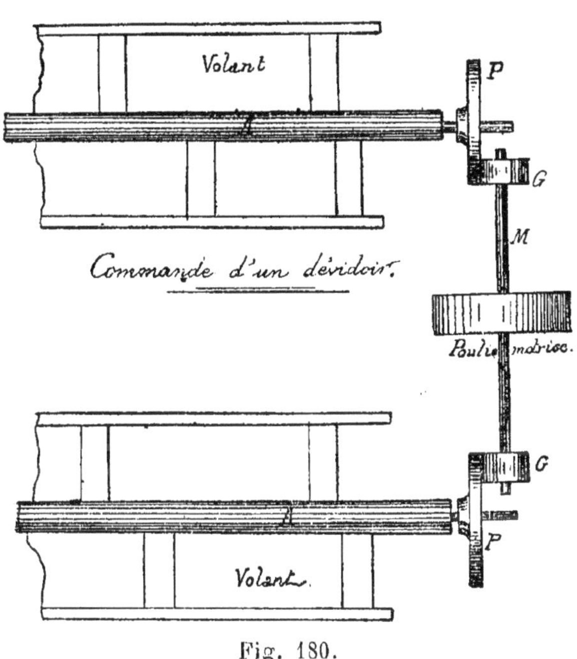

Fig. 180.

Le plateau P mobile sur l'arbre A peut être rapproché ou éloigné à volonté du galet G au moyen d'une pédale qui se trouve sur toute la longueur de la machine. En déplaçant le galet G sur son axe, on peut changer la vitesse du dévidoir, ce qui a une certaine importance selon que les matières à dévider sont plus ou moins bonnes.

Systèmes de dévidage employés dans les différents pays.

Systèmes de dévidage des fils de lin et de jute	Pays qui les emploient	Périmètre du dévidoir	Nombre de tours de dévidoir Formation des divers paquets de lin.	Unités de vente dans les divers pays
Dévidage métrique	Région industrielle d'Angers	2 m. 50	On fait 400 tours de dévidoir. 40 tours donnent une échevette de 100 m. Les 10 échevettes réunies donnent un écheveau de 1000 m.	Vente au kilogramme.
Dévidage écossais	Nord de la France et Ecosse	2 yards 1/2 ou : 2 m. 285	Il faut 144 000 tours de dévidoir pour former un paquet de 6 bundles. 120 tours forment 1 échevette de 300 yards (274 m. 3). 12 échevettes forment un écheveau ou hank de 3.600 yards. 100 écheveaux forment 1 paquet, ou 6 bundles, de 360.000 yards, soit : 329.176 m.	Le paquet de 6 bundles, ou 360 000 yards, est l'unité de vente des fils, en France et en Ecosse.
Dévidage anglais	Angleterre, Belgique, Espagne, Italie et Irlande	3 yards ou : 2 m. 743	20.000 tours forment 1 bundle. 100 tours donnent 1 échevette, ou ley, de 300 yards. 10 échevettes donnent 1 écheveau de 3.000 yards. 20 écheveaux forment 1 bundle, de 60.000 y. Enfin, 60 écheveaux ou hanks constituent 1 paquet de 3 bundles, ou 180.000 yards.	Les ventes se font par paquets de 3 bundles, ou 180.000 yards, sauf en Irlande, où c'est le paquet de 1 bundle.
Dévidage dit squerrel réel	Employé quelquefois en Angleterre	1 yard 1/2 ou : 1 m. 371	40.000 tours donnent 1 bundle. 100 tours forment 1 échevette de 150 yards. 10 échevettes réunies donnent 1 écheveau, de 1.500 yards. Enfin, 40 écheveaux constituent 1 bundle, de 60.000 yards.	Vente au bundle, de 60.000 yards.
Dévidage autrichien	Usité en Autriche	3 aunes de Vienne soit : 2 m. 33763	1.200 tours forment 1 écheveau, de 3.600 a. soit : 3.805 m. 240 écheveaux constituent 1 schock, de 864 000 aunes.	Vente au schock, de 864.000 aunes.

Les *dévidoirs à engrenages* ainsi appelés parce que la transmission de mouvement de l'arbre moteur à celui du volant se fait par engrenages coniques diffèrent simplement du genre précédent en ce sens que l'on remplace le plateau de friction et son galet par des engrenages dont celui calé sur l'arbre du volant peut être embrayé ou débrayé à volonté au moyen d'une pédale. Ils sont inférieurs aux précédents parce qu'ils ne permettent pas les changements de vitesses du volant aussi simplement.

Pratique du dévidage.

Les ouvrières chargées de faire le dévidage doivent continuellement surveiller leur travail de façon à remplacer immédiatement les bobines vides quand il s'en présente. Cette précaution très importante est indispensable pour que l'on obtienne des paquets de fil de poids déterminé bien uniforme.

Les ouvrières doivent aussi s'arranger à faire convenablement toutes les rattaches de fil, éviter que les fils ne se croisent dans les écheveaux pendant leur formation ; on supprimera ainsi une grande partie du déchet qui se produirait infailliblement au bobinage (opération préliminaire du tissage) et le fil sera beaucoup mieux apprécié.

Pour éviter le plus possible, les erreurs de tous genres, il est d'usage dans les filatures de lin, de jute, etc..., qu'à chaque métier à filer corresponde un dévidoir qui porte le même numéro que le métier.

Poids des paquets de fil.

Tableau donnant le poids des paquets de fil de lin suivant le numérotage anglais adopté à l'étranger.

Numéros des fils	Paquets de 1 bundle	Paquets de 3 bundles	Paquets de 6 bundles (1)	Poids conventionnel français du paquet de 6 bundles (2)
	kilogs	kilogs	kilogs	kilogs
1	90,680	272,040	544,080	540
2	45,340	136,013	272,040	270
3	30,226	90,680	181,360	180
4	22,670	68,010	136,013	135
5	18,136	54,408	108,816	108
6	15,113	45,340	90,680	90
7	12 954	38,863	77,725	78
8	11,335	34,005	68,010	68
9	10,075	30,226	60,453	60
10	9,068	27,204	54,408	54,5
11	8,244	24,731	49,462	49,5
12	7,556	22,670	45,340	45
13	6,975	20,926	41,852	41
14	6,477	19,431	38,863	40
15	6,045	18,136	36,272	36
16	5,667	17,002	34,005	34
17	5,334	16,002	32,005	32
18	5,038	15,113	30,227	30
19	4,772	14,317	28,635	29
20	4,534	13,602	27,204	28
22	4 122	12,365	24,731	25
25	3,627	10,881	21,763	22
28	3,233	9,715	19,431	20
30	3,023	9,068	18 136	18
35	2,591	7,772	15,545	16
38	2,386	7,159	14,318	15
40	2,267	6,801	13,601	14
45	2,015	6,045	12,091	13
50	1,813	5,441	10,881	11
55	1,648	4,946	9,892	10
60	1,511	4,534	9,068	9
65	1,395	4,185	8,370	8,5
70	1,295	3,886	7,772	8
75	1,209	3,627	7,256	7,5
80	1,133	3,400	6,801	7
85	1,066	3,200	6,401	6,5
90	1,007	3,022	6,045	6
95	0,954	2,863	5,727	5,75
100	0,906	2,720	5,441	5,5

Vérification du numéro d'un fil de lin ou de Jute d'un paquet.

Lorsqu'on est certain que les paquets contiennent bien la longueur voulue de fil, il suffit de peser un de ces paquets : 1° s'il s'agit du N° usuel français, le poids trouvé, lu dans la colonne (2), du tableau précédent, indiquera le N° correspondant du fil : 2° si l'on adopte le système de numérotage anglais, le numéro s'obtient en divisant dans le cas du paquet de 6 bundles, le nombre constant : 544 k. 080, par le poids trouvé du paquet, exprimé en kilogs ; 3° si l'on cherche le numéro métrique, on pèse le paquet, et on applique la formule :

$$\text{Numéro} = \frac{329{,}176}{\text{poids du paquet}}$$

Si l'on n'était pas certain de la longueur du fil d'un paquet, il faudrait la vérifier en comptant les échevettes, et en en mesurant plusieurs.

2° Séchage.

L'opération du dévidage que nous venons d'exposer s'applique tout aussi bien au fil qui a été filé au sec qu'à celui qui a été filé au mouillé. L'un comme l'autre demandent à être dévidés en écheveaux puis, mis en paquets pour être livrés au commerce. Mais tandis que le fil au sec ne nécessite aucune autre manutention, le fil au mouillé, c'est-à-dire celui filé à l'eau chaude ou froide demande au contraire à être séché après dévidage. En effet ce fil retient une certaine quantité d'humidité, provenant de son passage dans le bac à eau, qui doit disparaître complètement si on veut le conserver intact. Cette humidité, en agissant sur les matières gommo-résineuses de la matière textile, occasionnerait une fermentation rapide qui détériorerait promptement le fil et le rendrait inutilisable.

Vingt-quatre heures au plus tard après le dévidage, les fils dévidés doivent donc subir l'opération du séchage ; à cet effet les écheveaux maintenus sur deux bâtons sont transportés au séchoir.

Principe du séchage.

Avant d'indiquer comment doivent être agencés les séchoirs pour fils de lin, il nous paraît utile de donner quelques généralités sur le séchage.

Tout d'abord qu'entend-t-on par séchage du fil ?

Sécher un fil, c'est lui enlever l'humidité qu'il contient en excès. On obtient ce résultat en l'exposant à l'action de l'air pendant un temps convenable et la rapidité du séchage dépend de la proportion d'humidité contenue dans cet air.

L'air renferme en effet toujours une certaine quantité de vapeur d'eau, et cette quantité qui n'est pas constante varie en particulier avec la pression et avec la température.

De plus, nous savons que la capacité de l'air pour l'humidité n'est pas infinie, elle a une limite qui porte le nom de *saturation*. La quantité de vapeur d'eau que l'air peut contenir dépend de la température : elle augmente lorsque la température s'élève, elle diminue quand la température s'abaisse.

Par exemple, un mètre cube d'air est capable de renfermer :

5 gr.	de vapeur d'eau	à la température de	0	degré.
9	—	—	10	—
17	—	—	20	—
82	—	—	50	—

Tant que l'air ne sera pas saturé, il permettra l'évaporation et absorbera de nouvelles quantités d'eau. Une fois saturé, il ne peut plus rien absorber. Si la température s'abaisse, il est obligé d'abandonner une partie de son humidité qui repasse à l'état liquide et se condense. Mais si la température s'élève, il redevient capable d'absorber une nouvelle quantité de vapeur d'eau.

De l'air saturé à 10°, s'il est amené à 0° perd 4 grammes de vapeur d'eau qui se condense (9 moins 5 grammes). Au contraire, le même air saturé à 10°, si on l'amène à 50°, par exemple, absorbera 73 grammes (82 grammes moins 9).

Il ne suffit pas de dire que l'air dessèche d'autant mieux qu'il contient déjà moins de vapeur d'eau, puisque de l'air renfermant 9 grammes de vapeur d'eau par mètre cube dessèche à la perfection à 50 degrés et ne produit rien à 10 degrés ; il faut pour être précis dire que l'air dessèche d'autant mieux qu'il est plus éloigné de son point de saturation.

Ainsi le point de saturation est une notion fort importante, puisque c'est de l'éloignement au point de saturation que dépend le pouvoir de sèche de l'air ambiant, ou, si l'on veut, la rapidité avec laquelle l'air abordera l'humidité, et conséquemment desséchera les objets voisins. C'est à tort que l'on envisagerait seulement la question de température, puisqu'un air fort chaud peut ne pas sécher du tout, et ne produit aucun effet, s'il est déjà surchargé d'humidité, tandis qu'un air froid, s'il est en même temps sec, amènera la sèche jusqu'à dessication. On voit donc que le pouvoir dessicateur que l'air possède à un moment donné dépend encore d'autre chose que de la température.

Différents modes de séchage.

Le séchage des matières textiles s'effectue soit à *l'air libre*, soit dans des *séchoirs chauffés*, soit par contact avec des *surfaces chaudes*, soit au moyen *d'appareils à rayonnement*.

Le mode le plus simple est le *séchage à l'air libre*, qui est économique et dépend de facteurs essentiellement variables comme le sont l'humidité de l'air, sa température, son état d'agitation. Cette méthode a quelquefois l'inconvénient de raidir le fil à tel point qu'il est assez difficile de l'assouplir pour la vente. Il faut en tous cas éviter l'ardeur du soleil, surtout pour les fils fins qui changeraient de nuance d'une manière sensible.

Pour obvier à ces divers inconvénients, on a généralement recours à des moyens de séchage artificiels plus rapides.

Le moyen le plus simple à première vue pour augmenter l'effet utile de l'air consiste à activer par une ventilation sagement ménagée le passage de l'air à travers le séchoir. Y faire passer un volume d'air deux fois, trois fois plus grand, revient à doubler, à tripler son pouvoir dessicateur. Mais le procédé est inefficace par les jours absolument humides.

Mais un moyen bien autrement pratique consiste à chauffer l'air. La chaleur ainsi ajoutée a pour effet : 1° d'augmenter la capacité de l'air pour l'humidité, en reculant son point de saturation, par conséquent d'accroître son pouvoir dessicateur ; 2° de remplacer les quantités de chaleur absorbées par le fait de l'évaporation, par conséquent de faciliter cette dernière.

On peut chauffer l'air soit extérieurement, soit dans le séchoir même, d'où résulte tout une série d'installations que nous ne pouvons examiner dans le cadre de ce travail.

Un séchoir recommandable pourra être formé d'une grande chambre en briques, avec fenêtres à double vitre, porte bien ajustée, plancher carrelé, plafond latté, enduit et couvert d'un carrelage en briques, solives en bois. Le chauffage présentant une grande surface de chauffe sera, par exemple, formé par des tuyaux à ailettes disposés dans le bas du séchoir.

Plusieurs bouches d'appel au niveau du plancher, munies de registres de ventilation, servent à évacuer l'air, après son utilisation, dans une cheminée d'une dizaine de mètres.

Les bâtons qui soutiennent les écheveaux sont alors placés dans ce séchoir sur des cadres.

On pourrait naturellement obtenir une plus grande production en appliquant dans l'étuve chauffée un ventilateur genre *Blackmann* afin de renouveler l'air au fur et à mesure qu'il s'imprègne d'humidité.

Dans beaucoup de filatures par économie de combustible, on installe le séchoir au-dessus des générateurs, on utilise ainsi la chaleur perdue pour sécher le fil. Dans ce cas, il faut nécessairement qu'il y ait assez de place pour pouvoir faire plusieurs étages superposés communiquant entre eux par des trappes.

Le lin étant ainsi que nous l'avons indiqué disposé sur des bâtons, on le place d'abord à l'étage supérieur, puis graduellement on le descend d'étage en étage pour le rapprocher des endroits les plus chauds et les plus secs. Ce mode de séchage n'est pas toujours pratique car l'emplacement au-dessus des générateurs n'est pas toujours suffisant, cependant les fils ainsi séchés ont l'avantage de conserver leur souplesse.

Quand ce système est applicable, il faut naturellement y avoir recours, on y trouve une économie qui n'est pas à dédaigner, mais quand on doit sécher industriellement, il faut recourir au séchoir que nous avons décrit car il aura l'avantage de produire un séchage rapide.

Quel que soit le système de séchage auquel on a recours, il est indispensable de ne retirer le fil que quand il est bien sec et l'ouvrier empercheur chargé de cette vérification devra toujours examiner bien soigneusement tous les écheveaux.

Le travail sera toujours fait convenablement et on évitera de mélanger de numéros divers de fil ou de matières différentes si on a le soin d'étiqueter tous les écheveaux. On peut également s'arranger pour que chaque perche porte une levée du dévidoir.

Empaquetage.

L'*empaquetage* est l'opération qui consiste à réunir les écheveaux formés au dévidoir de façon à en former des paquets de fil qui pourront alors être livrés au commerce.

Avant de procéder à cette opération, il faut avant tout secouer les écheveaux de fil, les étendre et les assouplir. A cet effet on fixe dans une position horizontale, contre un pilier ou contre un mur, une barre ronde généralement en bois dur sur laquelle un ouvrier passe les écheveaux les uns après les autres, pour les secouer ou les étendre avec ses bras. La hauteur de cette barre est à la convenance de l'ouvrier ; aussi est-il bon qu'on puisse la monter ou la descendre à volonté. La hauteur la plus convenable est généralement celle du visage de l'ouvrier, car il se fatigue moins à secouer les écheveaux dans une position presque horizontale qu'à les tirer de haut en bas. Les fils qui ont été filés au mouillé sont souvent tellement raides par suite de la matière gommeuse qu'y dépose l'eau des métiers qu'ils ne sont pas même suffisamment assouplis par l'opération dont nous venons de parler. Il arrive aussi très souvent qu'un séchage trop énergique les a rendus secs et durs. Pour leur rendre la *souplesse* et le *mœlleux* qui leur manque, on est obligé de les mouiller un peu. Ce mouillage qui ne doit être d'ailleurs que léger ne peut les corrompre comme ferait celui qu'ils subissent sur les métiers à filer parce qu'il ne pénètre pas aussi profondément toutes les fibres, et qu'il n'est pour ainsi dire que superficiel.

A cet effet l'ouvrier empaqueteur étend les écheveaux sur des planches par couches successives qu'il a soin de croiser les uns sur les autres, et sur chaque couche, il répand une légère rosée au moyen d'un arrosoir fin ou d'un balai. Quand il a atteint une hauteur de 1 m. 20 environ, il recouvre le tout d'une planche sur laquelle il place un poids suffisamment lourd. Quand le fil est resté 24 heures dans cet état, il a recouvré la plus grande partie de sa souplesse et de sa douceur. Quant aux fils qui ont été filés *à sec* alors même qu'ils ont été mouillés, ils conservent généralement une souplesse suffisante pour qu'on se dispense de leur faire subir une telle opération.

Il existe un autre mode d'opérer, mais qui est peu adopté quoique donnant de bons résultats, il occasionne en effet une grande dépense d'installation et n'est pas assez rapide.

Il suffit de faire citerner soit une cave ou une pièce humide pour qu'elle puisse contenir environ 20 centimètres d'eau.

Au-dessus de la nappe d'eau, on dispose alors un plancher à jour, sur lequel on place le fil. Celui-ci, étant retourné tous les cinq à six heures pendant un jour ou deux, absorbe l'humidité qui lui est convenable. On obtient ainsi la souplesse naturelle que l'on doit rechercher particulièrement pour les fils fins.

Mise du fil en paquets

Il ne reste plus ensuite qu'à mettre le fil en paquets. Ici comme on classe d'une autre manière les écheveaux, qui étaient demeurés jusque-là par levées de dévidoirs ; il y a quelque danger de confondre les différentes espèces de fils. Pour éviter ce danger, il y a des précautions à prendre, précautions que l'on doit observer très sérieusement.

Pour disposer le fil en paquets, on doit avoir des formes appropriées à cet usage, telle que celle représentée fig. 181 par exemple qui se compose essentiellement d'une forte plaque qui peut être en fer ou en bois dur. Cette plaque est élevée sur des pieds et surmontée de chaque côté de 3 ou 4 montants mobiles laissant entre eux un intervalle suffisant pour les cordes au moyen desquelles on doit serrer les paquets. C'est entre les deux rangées de montants que l'on dispose les écheveaux.

La longueur et la largeur des formes varient selon les genres de fil.

Pour les très gros fils, on les étend dans leur longueur et les formes doivent correspondre à cette longueur. Mais pour les fils un peu gros, de même que pour les fils plus fins, on ploie les écheveaux en deux et les formes sont alors de moité moins longues. Ce ployage en deux étant plus favorable en ce qu'il forme de plus beaux paquets, on doit y recourir autant que possible et n'étendre dans leur longueur que les écheveaux qui sont trop gros pour être convenablement ployés.

Pour faire le paquet, le paqueteur place d'abord entre

chacun des montants, les échevettes qui doivent servir de liens, en laissant pendre les bouts de chaque côté de la plaque, puis il étale en travers les écheveaux en long ou ployés comme nous venons de le dire, mais toujours de manière que les séparations d'échevettes soient en dedans. Les paquets formés de cette façon ont un aspect plus flatteur à l'œil et font ressortir la beauté des fils. On serre alors avec un écheveau, un demi, ou plus, quelquefois deux selon la grosseur des fils.

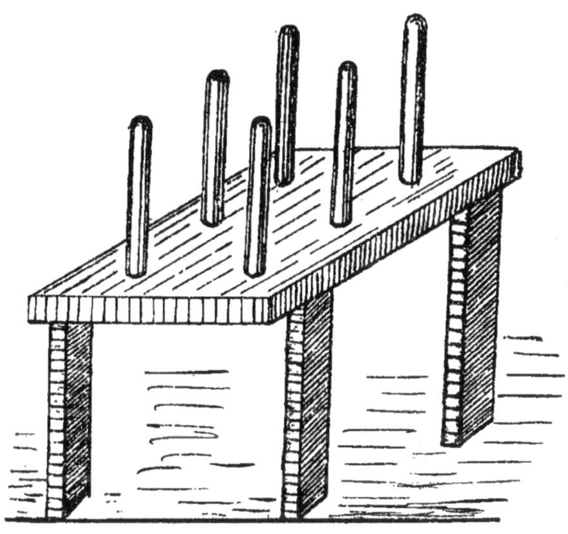

Fig. 181.

Pour achever de donner au fil tout son lustre, on passe sur les têtes du paquet un peigne en bois qui range les fils bien parallèlement entre eux.

Il est bon d'ajouter, qu'avant de serrer les paquets avec les écheveaux servant de liens, il faut exercer sur le tout une certaine pression au moyen d'un levier par exemple.

Mais il est préférable d'avoir recours à une presse mécanique pour former les paquets car on obtient une pression plus énergique et plus uniforme.

Dans ces appareils, le fond sur lequel reposent les écheveaux est un plateau mobile en fonte au moyen duquel on exerce la pression par-dessous, en le soulevant à l'aide d'un engrenage mû par une manivelle. Les montants sont alors en fer, et chacun d'eux porte à son extrémité supérieure un fermoir, qu'on rabat quand tous les écheveaux sont à leur place. C'est contre ces fermoirs que le plateau mobile presse le fil. Quand la pression est donnée, on relève les bouts des liens qu'on a eu soin de disposer d'avance dans les interstices des montants et on les noue convenablement autour des paquets.

Divers genres de paquets de fil.

Les paquets de fil que l'on confectionne comme nous venons de l'expliquer ne sont pas tous composés de la même façon.

L'empaquetage diffère en effet suivant les numéros de fil.

C'est ainsi que jusqu'au n° 5 un paquet se compose de 4 bottes de 25 écheveaux.

Du n° 6 au n° 20, il comprend 2 bottes de 50, et qu'au-dessus de 20, on a généralement le paquet simple, c'est-à-dire comprenant 100 écheveaux en une seule botte.

Détermination de la marche des machines d'une filature *de lin*, *de chanvre* ou *de jute* pour produire un numéro voulu de fil (1).

Dans les filatures de *lin*, *chanvre* et *jute*, où l'on travaille pour ainsi dire de la même façon, on est appelé à

(1) Renouard. *Etude sur le travail des lins.*

produire des fils de différents numéros. Il est donc nécessaire que nous indiquions comment on peut procéder pour faire les changements dans la marche de la filature afin d'obtenir un résultat déterminé.

Autrement dit, il est indispensable de savoir quelles sont les modifications qui doivent être faites pour passer d'un numéro de fil à un autre.

Remarquons tout d'abord que le numéro d'un fil dépend :

1° Du poids de la matière que l'on étale par yard de longueur des cuirs de la machine à étaler.

2° Des étirages que l'on donne aux machines successives d'une filature.

3° Des doublages.

On conçoit facilement que si l'on connaît deux de ces quantités, on peut en déduire la troisième.

Pour bien montrer quel est de ces trois éléments qui influent sur le numéro du fil celui ou ceux qui sont les plus propices à la détermination de la bonne marche d'une filature, nous allons les examiner successivement et en déduire les conclusions qu'ils comportent.

1° Détermination du poids de matière à étaler par yard de longueur des cuirs de la table à étaler.

Supposons par exemple que pour filer du n° 30, on utilise une table à étaler à 6 cuirs et que les étirages et les doublages étant réglés de la manière suivante, on demande de déterminer le poids de matière à étaler par yard de cuir de l'étaleuse.

	Etirages	Doublages
	—	—
Etaleuse.	$E_t = 25$	$d_t = 6$
Premier passage d'étirage .	$E_1 = 13$	$d_1 = 8$

	Etirages	Doublages
	—	—
Second passage d'étirage .	$E_2 = 13$	$d_2 = 8$
Troisième » » .	$E_3 = 12$	$d_3 = 6$
Banc-à-broches	$E_b = 10$	$d_b = 1$
Métier à filer	$E_f = 10$	$d_f = 1$

En désignant d'une manière générale par **N** le numéro du fil à produire et par **P** le poids à étaler par yard de cuir de l'étaleuse, on aura :

$$P = \frac{E_t \times E_1 \times E_2 \times E_3 \times E_b \times E_f}{666{,}66 \times N \times d_t \times d_1 \times d_2 \times d_3 \times d_b \times d_f} \quad (1)$$

le coefficient 666,66 est une simplification de 360.000 yards, longueur d un paquet de fil divisé par 540 kg., poids du paquet de numéro 1.

La formule théorique (1) que nous venons d'indiquer manque absolument d'exactitude. Il y a en effet un certain nombre de causes d'erreurs dont il faut tenir compte dans la pratique.

C'est ainsi qu'il faut tenir compte :

1° Du déchet produit pendant le travail de la matière, on estime en effet généralement que le lin par l'effet seul du déchet perd en moyenne 10 pour 100 de son poids à partir du moment où il a été pesé et étalé jusqu'à celui où il est définitivement converti en fil. Ce chiffre de 10 0/0 peut certainement être réduit pour le calcul qui nous intéresse car il est bien certain qu'on ne doit tenir compte que du déchet produit par l'évaporation comprenant la matière gommeuse enlevée pendant le passage de la matière entre les aiguilles de barrettes de gills, et que l'on ne doit pas tenir compte du déchet qui peut résulter des ruptures de fils sur le métier ou d'accidents semblables sur les préparations puisque ces ruptures diminuent la longueur dans la même proportion que le poids et n'altèrent par conséquent en rien le numéro. Admettons toutefois que cette estimation soit exacte, il en résulterait que la matière convertie en fil pèserait 1/10 de moins qu'au début de la préparation et que par conséquent le numéro se serait élevé dans la même proportion.

Mais le déchet est variable, et c'est là une des principales causes d'erreur. Tel lin perdra plus de 10 pour 100 ; tel autre beaucoup moins. Il ne faut pourtant pas s'exagérer cette cause d'erreur, ni s'en effrayer. Avec un peu de pratique et une certaine connaissance de la matière première, il sera toujours facile de reconnaître d'avance si un lin doit perdre peu ou beaucoup dans le travail.

Ainsi sans avoir égard à cette moyenne de 10 0/0 que nous venons d'admettre un filateur expérimenté comptera sur un déchet plus ou moins considérable selon la nature du lin qu'il emploiera.

Supposons pour le cas qui nous occupe que cette perte due à l'évaporation soit de 6 0/0, et représentons-la par *m*.

2° Il faut également dans le calcul que l'on tienne compte du raccourcissement dû à la torsion au banc-à-broches. Ce raccourcissement varie selon que la torsion donnée est plus ou moins forte.

Il est certain que pour produire par exemple un pouce de mèche tordue, il faut plus de 1 pouce de mèche non tordue, on peut d'ailleurs s'en rendre compte très facilement en mesurant un bout de mèche avant et après torsion au banc-à-broches. Comme la torsion au banc-à-broches est toujours faible puisqu'elle doit être seulement suffisante pour augmenter la solidité de la mèche, on estime que le raccourcissement dû à la torsion n'est dans ce cas que de 2 à 3 0/0 en moyenne.

3° Les mèches formées par le banc-à-broches subissent un dernier étirage par leur passage au métier à filer.

Quoique la torsion donnée par le banc-à-broches se perde pendant l'étirage du métier à filer, il est incontestable que l'on doit en tenir compte également dans le calcul.

Ce raccourcissement est comme le précédent d'environ 3 0/0.

Le raccourcissement total est par suite égal au produit des deux raccourcissements successifs, c'est-à-dire environ 9 0/0.

Si donc on désigne par α le raccourcissement dû à la torsion au banc-à-broches et par β celui dû au métier à filer, le raccourcissement total sera $\alpha \times \beta$ et la formule théorique (1) en tenant compte des rectifications que nous venons d'exposer deviendra :

$$P = \frac{E_t \times E_1 \times E_2 \times E_3 \times E_b \times E_f \times m}{666{,}66 \times N \times d_t \times d_1 \times d_2 \times d_3 \times d_b \times d_f \times \alpha \times \beta} \quad (2)$$

qui est cette fois essentiellement pratique.

En supposant une évaporation de 6 0/0, on a $m = 1{,}06$ et en supposant la perte totale dûe à la torsion égale à 9 0/0, on a : $\alpha \times \beta = 1{,}09$, par suite la formule (2), dans laquelle on remplace tous les termes par leur valeur, deviendra :

$$P = \frac{25 \times 13 \times 13 \times 12 \times 10 \times 10 \times 1{,}06}{666{,}66 \times 30 \times 6 \times 8 \times 8 \times 6 \times 1 \times 1 \times 1{,}09} = 130 \text{ gr.}$$

Le poids qu'il faudrait étaler par yard de longueur du cuir de la table à étaler pour obtenir le n° 30 serait donc de 130 grammes environ.

Problème.

Sachant que pour produire un fil de numéro 30, on étale sur les cuirs de la table un poids de 130 grammes par yard de longueur. On demande quel poids il faudrait étaler pour produire du numéro 40 ?

Les poids à étaler varient en raison inverse des numéros, c'est-à-dire que :

$$\frac{P}{P'} = \frac{N'}{N}$$

d'où on déduit :

$$P' = \frac{P \times N}{N'}$$

donc poids à étaler

$$P' = \frac{130 \text{ grammes} \times \text{numéro } 30}{\text{numéro } 40} = 97{,}5$$

il faudrait donc étaler un poids de 97 gr. 5.

Rien de plus simple à exécuter dans la pratique. A côté de chaque table à étaler, on établit à cet effet une petite balance en fer blanc comme nous l'avons déjà indiqué, l'un des plateaux a pour contrepoids une boîte également en fer blanc, fermant à clé et dans laquelle on place le poids de 130 grammes ou de 97 grammes.

Remarque.

Le système que nous venons d'exposer et qui consiste à varier le poids de matière étalée par yard de longueur sur les cuirs de l'étaleuse pour produire les numéros de fils différents quoique paraissant très simple à première vue n'est pas pratique du tout. Il est en effet très difficile d'étaler le poids voulu sur chaque longueur de 1 yard, tout en donnant au ruban une régularité suffisante.

On peut y remédier en adoptant un mode d'étalage qui ne varie pas quel que soit le numéro du fil à produire; de cette façon, comme nous l'avons d'ailleurs déjà fait remarquer, les ouvrières chargées de l'étalage commettront moins d'erreurs. Ce changement de poids à l'étaleuse n'est en effet pas nécessaire; car les bancs d'étirages, les bancs-à-broches et les métiers à filer offrent assez de ressources pour que l'on puisse obtenir tous les numéros de fils que l'on voudra sans que pour cela on soit obligé de modifier le poids d'étalage.

Une ouvrière qui étale toujours de la même manière acquiert rapidement une régularité pour ainsi dire mathématique dans sa manière d'étaler les cordons, et naturellement les rubans et les fils qui en résultent sont beaucoup plus parfaits.

2° Détermination des étirages à donner aux machines pour obtenir un numéro déterminé de fil.

D'après les considérations qui précèdent, on admettra donc un mode d'étalage uniforme pour tous les numéros de fils, mais alors pour modifier le numéro du fil, il faudra que l'on change l'étirage du métier à filer seul ou s'il est nécessaire l'étirage de plusieurs machines.

La formule (2) donnée ci-dessus :

$$P = \frac{E_t \times E_1 \times E_2 \times E_3 \times E_b \times E_f \times m}{666{,}66 \times N \times d_t \times d_1 \times d_2 \times d_3 \times d_b \times d_f \times \alpha \times \beta}$$

permet de déduire soit le produit des étirages, soit l'un quelconque des étirages en fonction des autres, on peut en effet écrire :

$$E_t \times E_1 \times E_2 \times E_3 \times E_b \times E_f \times m =$$
$$P \times 666{,}66 \times N \times d_t \times d_1 \times d_2 \times d_3 \times d_b \times d_f \times \alpha \times \beta.$$

et le produit des étirages :

$$E_t \times E_1 \times E_2 \times E_3 \times E_b \times E_f =$$
$$\frac{P \times 666{,}66 \times N \times d_t \times d_1 \times d_2 \times d_3 \times d_b \times d_f \times \alpha \times \beta}{m} \quad (3).$$

Si par exemple, on ne change que l'étirage du métier à filer E_f, on le déduira de la formule (3), et on aura :

$$E_f = \frac{P \times 666,66 \times N \times d_t \times d_1 \times d_2 \times d_3 \times d_b \times d_f \times \alpha \times \beta}{m \times E_t \times E_1 \times E_2 \times E_3 \times E_b} \quad (4).$$

Si au contraire, on veut déduire le produit des étirages du métier à filer et du banc-à-broches, c'est-à-dire le produit de E_b par E_f, on le déduira de la même formule (3), et on aura :

$$E_b \times E_f = \frac{P \times 666,66 \times N \times d_t \times d_1 \times d_2 \times d_3 \times d_b \times d_f \times \alpha \times \beta}{m \times E_t \times E_1 \times E_2 \times E_3} \quad (5).$$

En faisant $E_b = E_f$, il suffirait donc de prendre la racine carrée du résultat.

Enfin si l'on veut déduire le produit des étirages du métier à filer, du banc-à-broches et du dernier passage d'étirage, on le tirera également de la formule (3), et l'on aura :

$$E_3 \times E_b \times E_f =$$

$$\frac{P \times 666,66 \times N \times d_t \times d_1 \times d_2 \times d_3 \times d_b \times d_f \times \alpha \times \beta}{m \times E_t \times E_1 \times E_2} \quad (6)$$

si on fait $E_f = E_b = E_3$, il suffira donc de prendre la racine cubique du résultat pour avoir l'étirage à donner à chacune de ces machines.

Problèmes d'applications.

1°

Supposons, comme nous l'avons indiqué, que l'on veuille filer du numéro **30** sur une étaleuse à 6 cuirs où l'on étale **150** grammes par yard de longueur sachant que les doublages et les étirages des machines sont réglés de la manière suivante :

	Etirages	Doublages
Etaleuse.	$E_t = 25$	$d_t = 6$
1er Etirage. . . .	$E_1 = 13$	$d_1 = 8$
2e Etirage. . . .	$E_2 = 13$	$d_2 = 8$
3e Etirage. . . .	$E_3 = 12$	$d_3 = 6$
Banc-à-broches . .	$E_b = 10$	$d_b = 1$
Métier à filer. . .		$d_f = 1$

On demande de calculer l'étirage qu'il faut donner au métier à filer.

En appliquant la formule (4)

$$E_f = \frac{P \times 666\ 66 \times N \times dt \times d_1 \times d_2 \times d_3 \times db \times df \times \alpha \times \beta}{m \times E_t \times E_1 \times E_2 \times E_3 \times E_b}$$

et en remplaçant les lettres par leur valeur, on aura :

$$E_f = \frac{0,150 \times 666,66 \times 30 \times 6 \times 8 \times 8 \times 6 \times 1 \times 1 \times 1,09}{1,06 \times 25 \times 13 \times 13 \times 12 \times 10} = 9,8.$$

Donc il faudrait que le métier à filer étire de 9,8

2°

Sachant que l'on étire de 9.8 pour du fil de numéro 30. On demande combien on devra étirer pour du fil de numéro 40 ?

Les étirages sont proportionnels aux numéros

donc $$\frac{E}{E'} = \frac{N}{N'}$$

par suite : $$E' = \frac{E \times N'}{N}$$

et en remplaçant les lettres par leur valeur, on aurait :

$$E' \text{ (étirage cherché)} = \frac{9,8 \times 40}{30}\ 13,06$$

Il peut arriver qu'en faisant le calcul comme nous

venons de l'indiquer, l'étirage que l'on trouve soit trop fort ; dans ce cas, on change en même temps l'étirage du banc-à-broches et du métier à filer et on applique alors la formule (5), c'est-à-dire :

$$E_b \times E_f = \frac{P \times 666{,}66 \times N \times d_t \times d_1 \times d_2 \times d_3 \times d_b \times d_f \times \alpha \times \beta}{m \times E_t \times E_1 \times E_2 \times E_3}$$

Si donc on travaille par exemple comme nous venons de l'indiquer en étalant 150 grammes par yard de longueur des cuirs pour faire du fil n° 30, on aura :

$$E_b \times E_f = \frac{0{,}150 \times 666{,}66 \times 30 \times 6 \times 8 \times 8 \times 6 \times 1 \times 1 \times 1{,}09}{1{,}06 \times 25 \times 13 \times 13 \times 12} = 98$$

On pourra alors donner le même étirage au métier à filer et au banc-à-broches, soit la racine carrée de 98 = 9,899.

3° Calcul des doublages à faire aux diverses machines de la filature pour produire un fil de numéro déterminé à l'avance.

La formule générale (2)

$$P = \frac{E_t \times E_1 \times E_2 \times E_3 \times E_b \times E_f \times m}{666{,}66 \times N \times d_t \times d_1 \times d_2 \times d_3 \times d_b \times d_f \times \alpha \times \beta}$$

permet de déduire la valeur du produit des doublages en fonction des autres éléments, on peut en effet écrire :

$$d_1 \times d_2 \times d_3 \times d_b \times d_f = \frac{E_t \times E_1 \times E_2 \times E_3 \times E_b \times E_f \times m}{P \times 666{,}66 \times N \times d_t \times \alpha \times \beta} \quad (7)$$

Mais au banc-à-broches et au métier à filer, on ne double pas habituellement, le produit réel des doublages est donc :

$$d_1 \times d_2 \times d_3$$

par suite la formule (7) devient en réalité :

$$d_1 \times d_2 \times d_3 = \frac{E_t \times E_1 \times E_2 \times E_3 \times E_b \times E_f \times m}{P \times 666{,}66 \times N \times d_t \times \alpha \times \beta} \quad (8)$$

Si l'on se donne par exemple les doublages d_1 et d_2, on tirera facilement le doublage d_3.

On a en effet facilement :

$$d_3 = \frac{E_t \times E_1 \times E_2 \times E_3 \times E_b \times E_f \times m}{P \times 666{,}66 \times N \times d_t \times d_1 \times d_2 \times \alpha \times \beta} \quad (9).$$

Si on remplace par exemple tous les termes de cette égalité par leur valeur donnée ci-dessus, on obtient :

$$d_3 = \frac{25 \times 13 \times 13 \times 12 \times 10 \times 10 \times 1{,}06}{0{,}150 \times 666{,}66 \times 30 \times 6 \times 8 \times 8 \times 1{,}09} = 6.$$

Il faut ici que le résultat trouvé soit un nombre entier, on ne peut pas doubler de 6,5 ou 5,25 si alors on trouve un nombre fractionnaire, il faut en même temps modifier l'un des étirages afin que l'on puisse obtenir un nombre entier exact. Ce qui nous montre que l'on ne doit pas faire la modification des numéros par le changement des doublages sauf cependant quand on doit filer des numéros très différents l'un de l'autre.

Remarque

La méthode que nous venons d'exposer très longuement pour établir la marche des machines d'une filature en vue du numéro de fil à produire est très simple et d'une application facile. Aussi nous la recommandons d'une façon toute particulière aux personnes qui sont appelées à s'occuper de filature de *lin*, *chanvre* ou *jute*.

Echantillonnage des mèches de banc-à-broches pendant la marche.

Quand on a réglé la marche des diverses machines d'une filature pour produire un numéro déterminé de fil, il est nécessaire de vérifier le numéro de la mèche qui sort du banc-à-broches afin de ne pas risquer d'obtenir au métier à filer un numéro de fil différent de celui que l'on doit faire.

A cet effet, on mesure 36 yards de mèche au moyen d'un dévidoir qui se compose d'une poulie P dont la cir-

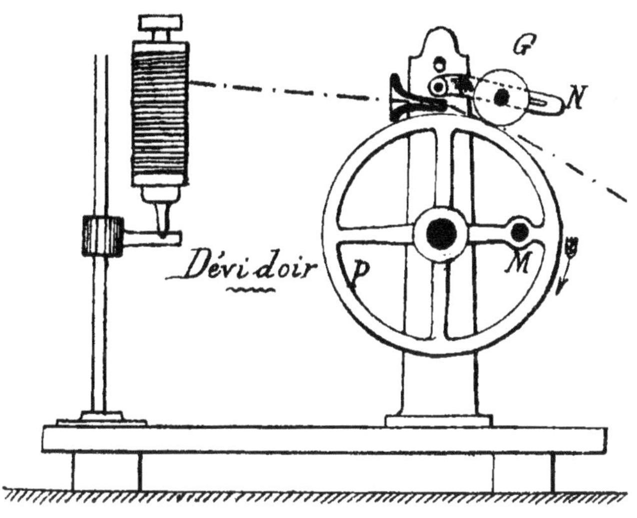

Fig. 182.

conférence a exactement 1 yard ou 0 m. 91438 (fig. 182). Sur cette poulie que l'on entraîne par une poignée M repose un galet presseur G en fonte. Le galet est fixé sur une manivelle N articulé en O.

Entre le presseur G et la poulie P, on engage l'extrémité de la mèche à vérifier et l'on fait faire au moyen de la poignée M 36 tours à la poulie P dans le sens indiqué par la flèche. On obtient ainsi 36 yards de mèche que l'on pèse au moyen d'une petite balance ordinaire ou au moyen d'une romaine.

Supposons que l'on ait obtenu un poids Q pour les

36 yards. Ces 36 yards étirés de E_f au métier à filer donneront une longueur de mèche de :

$$36 \times \text{étirage du métier à filer } E_f.$$

Cette longueur de mèche se tordant pour donner du fil se raccourcira d'une certaine quantité a et fournira une longueur de fil exprimée en yards qui sera :

$$\frac{36 \times E_f}{a}.$$

Le poids Q des 36 yards de mèche par suite d'une certaine quantité d'évaporation deviendra $\frac{Q}{m}$.

Donc les $\frac{36 \times E_f}{a}$ yards de fil pèsent $\frac{Q}{m}$ grammes.

1 yard de fil pèsera donc $\frac{Q}{m} : \frac{36 \times E_f}{a}$ ou $\frac{Q \times a}{m \times 36 \times E_f}$

Et 360.000 yards ou 1 paquet de fil pèserait :

$$\frac{Q \times a \times 360\,000}{m \times 36 \times E_f} = \frac{Q \times a \times 10\,000}{m \times E_f}.$$

Mais d'autre part, on sait que le poids du paquet de fil s'obtient en divisant 540 kilogs par le numéro N du fil, on peut donc poser l'égalité suivante :

$$\frac{Q \times a \times 10.000}{m \times E_f} = \frac{540.000 \text{ grammes}}{N}$$

de laquelle on déduit :

$$Q \times a \times 10.000 \times N = 540.000 \times m \times E_f$$

$$\text{Et } E_f = \frac{Q \times a \times 10\,000 \times N}{540.000 \times m} = \frac{Q \times a \times N}{54 \times m} \quad (10).$$

A l'aide de cette formule (10), on peut donc, en échantillonnant la mèche du banc-à-broches, déterminer l'étirage à donner au métier à filer.

Il suffit en effet de peser 36 yards de mèche, multiplier le résultat obtenu par le raccourcissement dû à la torsion et par le numéro du fil à produire. On divise enfin le chiffre que l'on obtient par 54 fois l'évaporation.

Problème d'application.

36 yards de mèche de banc-à-broches pèsent 25 grammes, la perte dûe au raccourcissement par la torsion est de 7 0/0 et la perte de déchet attribuée à l'évaporation est de 2 0/0. On demande quel étirage, il faudra donner au métier à filer, sachant que l'on veut filer du n° 18.

En appliquant la formule (10)

$$E_f = \frac{Q \times a \times N}{54 \times m}$$

on aura, puisque $Q = 25$ grammes, $a = 1{,}07$, $N = 18$, $m = 1{,}02$.

$$E_f = \frac{25 \times 1{,}07 \times 18}{54 \times 1{,}02} = 8{,}18.$$

Composition des assortiments de machines, de filature de lin, chanvre.

Le matériel de toute filature est partagé en groupes de machines s'alimentant successivement, et assurant la fabrication d'une quantité donnée de fil, de qualité et de numéro déterminés ; chacun de ces groupes constitue un *assortiment*. Le nombre de ces machines constituant un tel ensemble est établi d'après les conditions du travail que l'on s'est proposé.

EXEMPLE :

Assortiment destiné à produire journellement 3.000 k. de fil sec nº 20.

Les *métiers à filer* sont par exemple de 3 pouces d'écartement, les broches tournant à 4.200 tours par minute ; la torsion donnée au fil est de 9 tours au pouce.

La production de chaque broche est donc de :

$$\frac{4.200}{9} = 466 \text{ pouces } 66$$

de fil tordu en 1 minute.

La *production pratique* n'atteint que les $\frac{85}{100}$ de cette valeur, et s'élève ainsi à : $466{,}66 \times 0{,}85 = 396$ p. 66.

Pour évaluer en *poids* cette production, il suffit de se rappeler qu'il faut 20 fois 300 yards de fil nº 20 pour représenter 1 livre anglaise ou 453 grammes ; 1 yard ou 36 pouces pèse donc :

$$\frac{453}{20 \times 300} = 0 \text{ gr. } 0755.$$

Les 396 pouces 66 ou

$$\frac{396{,}66}{36} = 11 \text{ yards } 018$$

correspondent donc à un poids de :

$$0 \text{ gr. } 0755 \times 11{,}018 = 0 \text{ gr. } 832.$$

La production journalière, c'est-à-dire en : $60 \times 10 = 600$ minutes, sera donc pratiquement de :

$$0 \text{ gr. } 832 \times 600 = 499 \text{ gr. } 200.$$

Pour produire 3.000 kgs. journellement, il faut par suite un nombre de broches égal à :

$$\frac{3.000.000 \text{ gr.}}{499{,}2} = 6.010.$$

Chaque broche produisant en 1 minute 396 pouces 66, si l'on admet un raccourcissement de 5 0/0 dû à la torsion, la longueur de mèche nécessaire pour former ce fil sera de : 396,66 × 1,05 = 416 pouces 50.

Cette longueur doit évidemment être débitée en 1 minute par les cylindres étireurs ; en admettant un étirage de 10, les fournisseurs absorbent en 1 minute une longueur de mèche de :

$$\frac{416{,}50}{10} = 41 \text{ pouces } 65.$$

Banc-à-broches.

La longueur précédente doit être fournie dans le même temps sous forme de mèche par le *banc-à-broches*.

Les broches font ici 500 tours en 1 minute, et l'on donne à la mèche une torsion de 0 tour 50 par pouce; la longueur de mèche produite par broche et par minute sera de :

$$\frac{500}{0{,}5} = 1.000 \text{ pouces.}$$

Par suite des arrêts, et du léger raccourcissement dû à la torsion, cette valeur se réduit de 12 0/0, et n'est plus que de : 1.000 × 0,88 = 880 pouces.

Chaque broche de banc-à-broches peut donc alimenter autant de broches de métier à filer qu'elle produit de fois 41 pouces 65, ou :

$$\frac{880}{41{,}65} = 21 \text{ broches } 12.$$

L'étirage étant de 10, les fournisseurs absorbent pour chaque broche une longueur de ruban égale à :

$$\frac{880}{10} = 88 \text{ pouces ;}$$

ceux-ci doivent être fournis par le 3e passage d'étirage.

Banc d'étirage, 3e passage.

Les étireurs ont un diamètre de 2 pouces 1/2, soit un développement circonférentiel de :

$$2{,}5 \times 3{,}1416 = 7 \text{ pouces } 854.$$

Ils marchent à une vitesse de 90 tours par minute, développant ainsi une longueur de :

$$7{,}854 \times 90 = 706 \text{ pouces } 86.$$

Les pertes pour arrêts, etc., s'élevant à 10 0/0 environ, la longueur réellement fournie en 1 minute s'abaisse à :

$$706{,}86 \times 0{,}9 = 636 \text{ pouces } 174.$$

Chaque délivreur peut donc alimenter un nombre de broches de banc-à-broches égal à :

$$\frac{636{,}174}{88} = 7 \text{ broches } 229.$$

Comme chaque broche du banc peut alimenter d'autre part 21 broches 12 du métier à filer, c'est-à-dire que chaque délivreur de l'étirage correspond à :

$$21{,}12 \times 7{,}229 = 152 \text{ broches } 67.$$

L'étirage étant de 12, la longueur de chaque ruban absorbée par la tête d'étirage est donc de :

$$\frac{636{,}174}{12} = 53 \text{ pouces } 014.$$

Mais comme on double de 6, il faut pour alimenter le délivreur :

$$53{,}014 \times 6 = 318 \text{ pouces } 084.$$

Banc d'étirage, 2e passage.

Les étireurs ayant un diamètre de 2 pouces 3/4, ils donnent par tour un développement de :

$$2,75 \times 3,1416 = 8 \text{ pouces } 64.$$

Ils font 95 tours par minute et développent ainsi :

$$8,64 \times 95 = 820 \text{ pouces } 8.$$

La perte étant de 10 0/0, leur débit réel s'abaisse à :

$$820,8 \times 0,9 = 738 \text{ pouces } 72.$$

Un délivreur du second passage pourra donc alimenter un nombre de délivreurs du 3e passage égal à :

$$\frac{738,72}{318,084} = 2 \text{ délivreurs } 322.$$

Chacun de ces délivreurs alimentant lui-même 152 broches 67, un délivreur du second passage correspond à : $2,322 \times 152,67 = 354,50$ broches de métier à filer.

La longueur de chaque ruban alimentant ce délivreur, l'étirage étant de 12, sera de :

$$\frac{738,72}{12} = 61 \text{ pouces } 56.$$

Comme on double de 8, l'absorption devient de :

$$61,56 \times 8 = 492 \text{ pouces } 48.$$

Etirage, premier passage.

Soit 3 pouces le diamètre de l'étireur, son développement par tour sera :

$$3 \times 3,1416 = 9 \text{ pouces } 4248.$$

Comme ils tournent à 70 tours, ils développent en 1 minute :

$$9,4248 \times 70 = 659 \text{ pouces } 736.$$

Par suite des arrêts, etc., il ne faut compter que sur :

$$659,736 \times 0,90 = 593 \text{ pouces } 763.$$

Un délivreur du premier étirage peut alimenter un nombre de délivreurs du second passage égal à :

$$\frac{593,763}{492,48} = 1 \text{ délivreur } 205.$$

Chacun de ces délivreurs correspondant à 354,50 broches de métier à filer, un délivreur du premier passage pourra alimenter :

$$1,205 \times 354,50 = 427 \text{ broches } 18.$$

Ce banc d'étirage absorbera pour chaque ruban qui l'alimente, l'étirage étant de 14, une longueur égale à :

$$\frac{593,763}{14} = 42 \text{ pouces } 411.$$

Et comme on double 12 de ces rubans, la longueur absorbée sera de :

$$42,411 \times 12 = 508 \text{ pouces } 932.$$

Table à étaler.

Les délivreurs ayant 6 pouces de diamètre, développent par tour :

$$6 \times 3,1416 = 18 \text{ pouces } 85.$$

Ils tournent à 65 tours à la minute, développant :

$$18,85 \times 65 = 1225 \text{ pouces } 25.$$

La production réelle doit être réduite de 10 0/0 et atteint la valeur de :

$$1225,25 \times 0,90 = 1102 \text{ pouces } 725.$$

Le nombre de délivreurs du premier étirage que peut alimenter une table est de :

$$\frac{1102,725}{508,932} = 2 \text{ délivreurs } 166.$$

C'est-à-dire que cette table peut alimenter un nombre de broches égal à :

$$2,166 \times 427,18 = 925 \text{ broches } 272.$$

On voit donc qu'une table à étaler peut alimenter, dans les conditions indiquées :

2 délivreurs 166 du 1er banc d'étirage.

2,166 × 1,205 = 2,61 délivreurs du 2e banc d'étirage.

2,61 × 2,322 = 6,06 délivreurs du 3e banc d'étirage.

6,06 × 7,229 = 43 broches 81 de banc-à-broches.

43,81 × 21,12 = 925 broches 27 de métier à filer.

En suivant ces proportions, l'assortiment correspondant à une production journalière de 3.000 kg. de fil n° 20 se composerait donc des éléments suivants :

7 tables à étaler.

14 délivreurs 05 du 1er banc d'étirage,
soit 14 délivreurs.

16 délivreurs 94 du 2e banc d'étirage,
soit 17 délivreurs.

39 délivreurs 32 du 3e banc d'étirage,
soit 39 délivreurs.

284 broches 33 de banc-à-broches,
soit 285 broches.

6.010 broches de métier à filer.

Ces chiffres n'ont rien d'absolu et ne sont donnés qu'à titre d'indication.

Il sera alors très facile d'établir le nombre de machines de chaque catégorie en utilisant à cet effet les données des constructeurs de matériel pour filature.

Torsion des fils et des mèches.

Les *rubans*, étant donné leur grosseur, et le nombre par suite considérable de fibres qui s'y trouvent juxtaposées, sont assez fournis pour que l'adhérence suffise à leur donner une solidité suffisante pour les empêcher de se rompre. Quand la finesse est trop grande on est obligé de comprimer afin de diminuer le glissement des fibres les unes sur les autres. La *torsion* donne ce résultat d'autant mieux qu'elle est plus forte. — On en évalue le degré par le nombre de tours que ferait une même fibre autour du fil dans une longueur déterminée de ce fil (1 pouce anglais ou 1 décimètre).

Les fibres des mèches du banc-à-broches glissent facilement les unes contre les autres lors de l'étirage produit par le métier à filer ; et cela à cause du peu de torsion qu'elles reçoivent.

Pour les fils, on fait croître la torsion avec la force que l'on veut donner au fil pour éviter qu'en cassant quelques fibres, les autres glissent les unes contre les autres et se séparent.

Degré de torsion. — Les conditions dans lesquelles les fibres s'enveloppent et se lient sont équivalentes lorsque, pour des grosseurs différentes, la torsion est inversement proportionnelle au diamètre, c'est-à-dire proportionnelle à la racine carrée des numéros, ou encore inversement proportionnelle à la racine carrée des poids d'une longueur donnée, à condition toutefois que les qualités des fibres soient sensiblement équivalentes :

Exagérer un peu la torsion pour les fibres courtes ou dures.

Prenons 2 fils de torsions T et T', et de nos N et N'. On a :

$$\frac{T}{T^1} = \frac{\sqrt{N}}{\sqrt{N^1}} = \frac{\sqrt{P^1}}{\sqrt{P}}$$

Soit $N' = 1$ et $T' = t$. On tire :

$$T = t\sqrt{N}$$

Donc la torsion T d'un fil de n° N est égale à la racine carrée de ce numéro N multipliée par la torsion qu'aurait un fil de n° 1.

t devient donc un coefficient qui ne varie qu'avec la nature des lins.

On prend généralement :

Pour mèches de banc-à-broches, filature au sec	$t = 0{,}35$
Pour mèches de banc-à-broches, filature au mouillé	$t = 0{,}30$
Fils de trame peu tordus	$t = 1{,}5$
Fils de trame ordinaires	$t = 1{,}6$
Fils de demi chaîne.	$t = 1{,}8$
Fils de chaîne courante.	$t = 2$
Fils de forte chaîne	$t = 2{,}4$
Fils de fileterie	$t = 2{,}6$
Fils de fileterie supérieure	$t = 2{,}8$ à $3{,}2$

Ces nombres n'ont rien d'absolu. D'après eux un fil pour chaîne courante n° 50 doit avoir :

$$T = 2\sqrt{50} = 14{,}14$$

c'est-à-dire 14 tours par pouce.

Diamètre des fils. — La grosseur apparente d'un fil dépend du n° et de la torsion. Avec la torsion, les fibres se compriment et le diamètre diminue jusqu'au maximum de condensation qu'on ne doit jamais dépasser. De sorte que les fils de trame semblent plus gros que les fils de chaîne. On compare les diamètres dans le réglage des bancs-à-broches.

Quand on a réglé les torsions, les fibres sont condensées dans la même mesure de sorte que des poids égaux correspondent à des volumes égaux.

Les fils sont des cylindres dont le volume est donné par la formule :

$$V = \frac{\varpi d^2 \times L}{4} \text{ dans laquelle :}$$

d = le diamètre ;
L = la longueur.

D'après le numérotage anglais on a le poids de 1 livre en prenant :

$$L = N \times 300 \text{ yards.}$$

N = le numéro.

Ce qui correspond à :

$$V = \frac{\varpi d^2 \times N \times 300}{4}$$

Pour un fil dont les caractéristiques seraient N^1 et d^1 on aurait :

$$V^1 = \frac{\varpi d_1^2 \times N^1 \times 300}{4}$$

Mais :

$$V = V^1$$

Donc :

$$d^2 N = d_1^2 N^1$$

C'est-à-dire :

$$\frac{d^2}{d_1^2} = \frac{N^1}{N}$$

$$\frac{d}{d^1} = \frac{\sqrt{N^1}}{\sqrt{N}}$$

On voit par cette égalité que *les diamètres sont inversement proportionnels aux racines carrées des numéros.*

On sait que l'on a :

$$p = \frac{1}{N} \text{ livres anglaises}$$

en désignant par :
p le poids ;
N le numéro ;

c'est-à-dire $$p\,N = 1$$

Pour un autre fil qui aurait :
poids $= p^1$.
Numéro $= N^1$.

$$p^1\,N^1 = 1$$

Donc :

$$p\,N = p^1\,N^1$$

c'est-à-dire :

$$\frac{p}{p^1} = \frac{N^1}{N}$$

ou encore :

$$\frac{\sqrt{p}}{\sqrt{p^1}} = \frac{\sqrt{N^1}}{\sqrt{N}}$$

Ce qui s'exprime en disant que : *Les poids d'une même longueur de deux fils sont inversement proportionnels aux numéros.*

En rapprochant cette égalité de celle trouvée plus haut il vient :

$$\frac{d}{d^1} = \frac{\sqrt{N^1}}{\sqrt{N}} = \frac{\sqrt{p}}{\sqrt{p^1}}$$

c'est-à-dire que *Les diamètres sont inversement proportionnels aux racines carrées des numéros et directement proportionnels aux racines carrées des poids.*

Il faut évidemment conserver les mêmes bases de torsion.

Les numéros du Nord de la France, bien que n'étant qu'approximatifs, ne font commettre que des erreurs assez minimes pour être négligées.

Raccourcissement produit par la torsion. — Il provient de ce que les mèches primitivement étendues et allongées sur toute leur longueur se contournent en hélice autour du fil par la torsion.

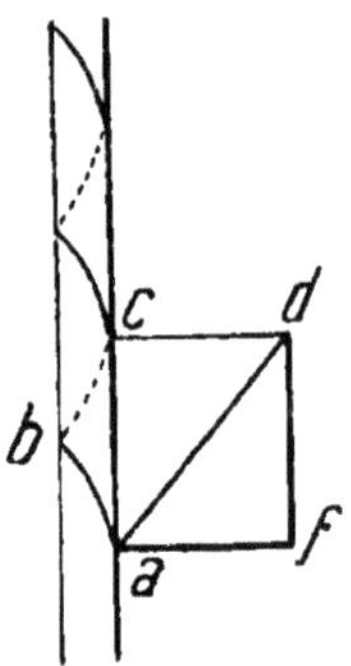

Fig. 183.

Si T = nombre de tours torsion au pouce, la longueur du fil qui correspond à un tour de torsion $= \frac{1}{T}$.

La longueur de la fibre *abc* = *ad* (fig. 183) diagonale du rectangle ayant pour hauteur *ac* et pour base le développement de la circonférence section droite du fil $= \varpi d$.

$$ac = \frac{1}{T}.$$

Résistance des fils à la rupture. Dynamomètres. — La résistance dépend de la qualité et de la force des lins, du degré de torsion (qui fait croître avec lui la résistance à condition qu'il ne dépasse pas une certaine limite appelée maximum de condensation comme on l'a vu plus haut.

Pour des fils de fabrication identique la résistance est proportionnelle à la section, c'est-à-dire au carré du diamètre. Donc *elle varie en raison inverse des numéros.*

Dans les fils retors, la 2e torsion assure mieux la liaison et la résistance est plus grande que celle des deux fils simples qui constituent le fil retors et plus grande que celle d'un fil simple de même grosseur.

On se rend compte de la résistance d'un fil en tirant dessus avec les deux mains mais en ayant soin de prendre une longueur d'éprouvette plus grande que la longueur des fibres. — On voit de même l'élasticité par l'allongement.

Une mesure plus exacte est donnée par le dynamomètre. L'appareil se compose d'un socle en bois portant une pince à chaque extrémité. L'une d'entre elles est reliée à un ressort ou à une balance et l'autre est fixée à une vis qui permet un déplacement lent et régulier dans le sens de la longueur. La distance des pinces est supérieure à la longueur maxima des fibres de lin. On prend une extrémité du fil dans chaque pince, on tend (la tension est indiquée sur une graduation voisine du ressort ou de la balance) et on lit au moment de la rupture. D'après l'écartement primitif et final des deux pinces on a l'allongement, d'où l'on déduit l'élasticité.

Certains appareils permettent d'opérer sur plusieurs fils à la fois mais il faut faire en sorte que les fils se rompent presque tous ensemble.

(1) *Essais des fils* : consulter notre ouvrage spécial à ce sujet.

Filatures de lin

Projet A

Frais de premier établissement d'une filature de lin de 10.000 broches produisant du fil n° 30 moyen.

		francs
1. Terrain : 2 hectares à 5 fr. le mètre carré.		100.000
2. Bâtiments : 14.000 mètres carrés de surface couverte à rez-de-chaussée à 35 fr. le mètre carré.		490.000
3. Machine à vapeur (y compris la force électrique	francs	
Moteur de 800 chevaux et tuyauterie	90.000	
Générateurs : 1.200 m. car. de surface de chauffe. .	100.000	
Transmissions diverses 38.000 k.	25.000	215.000
4. Eclairage et chauffage, séchoir à fils et eaux.		75.000
5. Matériel de filature :	francs	
25 peigneuses à 4.500 fr. .	112.500	
10 cardes à 10.000 fr. . .	100.000	
16 tables à étaler à 2.815 fr.	45.040	
48 étirages à 6050 fr. . .	290.400	
14 étirages à 4665 fr. . .	65.310	
16 bancs-à-broc. à 12.686 fr.	202.976	
7 — — 8.800 fr.	61.600	
46 métiers à filer de 220 broches à 5.800 fr	266.800	
Dévidoirs et divers (pots, courroies, peignes, etc.).	69.200	1.213.826
Total pour tout l'établissement . . .		2.093.826

Soit : frais de premier établissement par broche : 209 francs.

Filature A

Coût de la fabrication, main-d'œuvre non comprise pour la filature de lin de 10.000 broches dont le projet d'établissement vient d'être établi.

Cette filature produisant annuellement 5 paquets de n° 30 moyen par broche soit 50.000 paquets.

Coût total de la fabrication annuelle, main-d'œuvre non comprise			Coût du paquet en francs	Coût aux 10.000 mètres en centimes
Amortissement :				
		francs		
2 1/2 0/0 sur les bâtiments d'une valeur de 490.000 fr.		12.250	2,50	7,6
7 1/2 0/0 sur le matériel de 1.504.000 fr.		112.820		
Intérêt :				
5 0/0 sur le capital fixe de 2.094.000 fr.		104.700	2,09	6,3
5 0/0 sur un fonds de roulement de 700.000 fr.		35.000	0,70	2,1
Frais généraux :				
	francs			
Combustible 2.800 tonnes à 14 fr.	39.200	120.100	2,40	7,3
Eclairage.	4.000			
Impôts	7.400			
Assurance incendie. .	7.000			
Assurance accidents .	4.000			
Direction et bureaux.	25.000			
Réparations	15.000			
Huile et graisse . . .	9.500			
Courroies et divers. .	9.000			
Soit au total.		384.770	7,69	23,3

Filature A

Les frais de main-d'œuvre de la filature de **10.000** broches produisant **50.000** paquets de fil de lin n° **30** ont été les suivants :

Machines	Nombre des ouvriers	Salaires globaux annuels	Salaire moyen annuel	Production moyenne annuelle par ouvrier en myriamèt. de fil	Prix de la main-d'œuvre au paquet	Prix par 10.000 m.
		francs	francs		francs	cent.
Peignage .	116	102.650	885		2 05	6 2
Préparation	130	88.935	684		1 78	5 4
Filature. .	190	138.550	729		2 77	8 4
Dévidage .	80	52.010	650		1 04	3 2
Divers. . .	37	47.030	1.270		0 94	2 8
Total . .	553	429.175	776	2.975	8 58	26

Prix de revient des fils de lin n° 30 dans la filature A de 10.000 broches.

	Aux 10 000 m.	Au paquet	
Prix de la matière première déchet déduit.	0f 345	17f 95	
Coût de la fabrication (0 fr. 26 + 0 fr. 233).	0f 493	16f 27	(8f 58 + 7f 69)
	1f 038	34f 22	

Le prix de la matière première est extrêmement variable, il est néanmoins très facile de le modifier dans l'exemple ci-dessus si nécessaire.

Projet B

Frais de premier établissement d'une filature de 7.692 broches filant du n° 40 moyen.

	francs	
1. Terrain : 1 hectare et demi à 5 fr. le mètre carré		75.000
2. Bâtiments : 9.000 mètres carrés à rez-de-chaussée à 35 fr. le mètre		315.000
3. Machine à vapeur :		
Moteur de 400 chevaux et tuyauterie	60.000	
Générateurs	53.000	
Transmissions.	17.000	130.000
4. Eclairage, chauffage, etc		50.000
5. Matériel de filature :		
16 peigneuses.	72.000	
6 cardes	60.000	
9 tables à étaler. . . .	25.335	
27 étirages.	163.350	
8 étirages à étoupes . .	37.320	
9 bancs-à-broches . . .	114.174	
4 bancs-à-broches à étoupes	35.200	
36 métiers à filer de 214 broches à 5.600 fr. . .	201.600	
Dévidoirs et divers . . .	56 800	765.779
Total pour l'établissement . . .		1 335.779

Soit : frais par broche, 172 francs.

Nota. — Ces deux projets sont extraits de la *Revue d'Economie politique*, 1903.

Filature B

Coût de la fabrication, main-d'œuvre non comprise pour la filature de lin de 7.692 broches de notre second projet, cette filature produisant 38.500 paquets de nº moyen 40.

Coût de la fabrication annuelle, main-d'œuvre non comprise			Coût du paquet en francs	Coût aux 10.000 mètres en centimes
Amortissement :				
		francs		
2 1/2 0/0 sur les bâtiments de 315.000 fr.		7.875	2,05	6,2
7 1/2 0/0 sur le matériel de 946.000 fr.		70.960		
Intérêt :				
5 0/0 sur le capital fixe de 1.336.000 fr.		66.800	1,73	5,2
5 0/0 sur le fonds de roulement de 500.000 fr.		25.000	0,65	2
Frais généraux :				
	francs			
Combustible 1.700 tonnes à 14 fr.	23.800	80.000	2,08	6,3
Eclairage	3.000			
Impôts et assurances.	12.200			
Direction et bureaux.	20.000			
Réparation et entretien.	21.000			
Soit au total.		250.635	6,51	19,7

La fabrication sans la main-d'œuvre coûte ainsi près de 8 francs et 6 fr. 50 le paquet de fil de lin ou pour 10.000 mètres 23 et 20 centimes en nº 30 et 40.

La fabrication de 10.000 mètres de fil de coton de numéros équivalents n'est que de 8 centimes environ.

Filature B

Les frais de main-d'œuvre de la filature de 7.692 broches produisant 38.500 paquets de fil n° 40 moyen sont les suivants :

Opérations	Nombre d'ouvriers	Salaires globaux annuels	Salaire moyen annuel	Production moyenne annuelle en myriamètres de fil	Prix de la main-d'œuvre au paquet	Main-d'œuvre aux 10.000 m.
		francs	francs		fr. c.	cent.
Peignage .	60	45.500	758		1 18	3 6
Préparation	75	46.101	615		1 20	3 6
Filature . .	129	96.096	745		2 50	7 6
Dévidage .	50	37.242	745		0 96	2 9
Divers. . .	19	27.276	1.435		0 71	2 2
Total . .	333	252.215	757	3.754	6 55	19 9

La main-d'œuvre coûte donc 26 centimes les 10.000 m. en n° 30 et 20 centimes en n° 40, pour le coton dans les mêmes numéros on compte seulement 4 centimes les 10.000 mètres.

Prix de revient du fil n° 40
de la filature B de 7.692 broches.

	Aux 10.000 m.	Au paquet
	—	—
Matière première déchet déduit.	0f 424	13f 94
Coût de la fabrication	0 396	13 06
	0 82	27 »

Nombre de broches de filature de lin.

En France, d'après les listes du Syndicatdes filateurs de lin, le nombre des broches serait :

	Filature au sec	Filature au mouillé	Total
	—	—	—
En 1899 . .	153.000	322.000	485.000
En 1901 . .	140.000	308.000	448.000
En 1907 . .	142.000	356.000	498.000

La production moyenne annuelle était en 1900 pour les broches syndiquéesde 5 paquets par broche au mouillé et de 6,5 au sec. En 1906 le rendement moyen annuel tombe à 4,3 au mouillé et à 5,5 au sec.

La production française aurait été :

En 1899 de 2.654.000 paquets.
En 1901 de 2.453.000 —
En 1907 de 2.312.000 —

La Belgique a environ 350.000 broches.
L'Allemagne a environ 350.000 broches.
L'autriche a environ 400.000 broches.
La Russie a environ 200.000 broches.
L'Angleterre a environ 1.500.000 broches.

BIBLIOGRAPHIE

des ouvrages consultés par l'auteur.

1° *Etude sur le travail des lins*, par Alfred Renouard (3 volumes).

2° *Guide pratique de culture et préparation du lin*, par Jean Dalle.

3° *Le lin textile national*, par F. J. Maizier.

4° *Un mot sur la culture du lin*, par F. J. Maizier.

5° *Traité de la filature du lin et du chanvre*, par Ch. Coquelin. Paris, 1846.

6° *Revue d'économie politique*, 1903, article de M. Albert Aftalion, professeur d'économie politique à l'Université de Lille, sur *La décadence de l'industrie linière*.

7° *Les Kartells dans la région du Nord de la France*, par M. Albert Aftalion, paru dans la *Revue économique internationale* de janvier 1908.

8° *Cours professé à l'Institut Industriel de Lille*, par M. Paul Goguel.

TABLE DES MATIÈRES

LAVAL. — IMPRIMERIE L. BARNÉOUD ET Cie.

www.ingramcontent.com/pod-product-compliance
Ingram Content Group UK Ltd.
Pitfield, Milton Keynes, MK11 3LW, UK
UKHW020920180726
13838UKWH00002B/666

9 782329 428291